Josef Vötsch

OBSTBAUMSCHNITT

Stocker

Josef Vötsch

HECKEN-, STRAUCH- & OBSTBAUMSCHNITT

Mit Veredeln und Rosenschnitt

3. Auflage

LEOPOLD STOCKER VERLAG
GRAZ – STUTTGART

Umschlaggestaltung: Gabi Schneider, Graz
Umschlagfotos: Agentur Schanda, Wien; Walter Gaigg, Steyrling
Die Fotos im Textteil wurden dem Verlag freundlicherweise von der Landesversuchsanlage Haidegg und vom Autor zur Verfügung gestellt. Grafiken vom Autor.

Hinweis:
Dieses Buch wurde auf chlorfrei gebleichtem, unter den Richtlinien von ISO 9001 hergestelltem Papier gedruckt.
Die zum Schutz vor Verschmutzung verwendete Einschweißfolie ist aus Polyethylen chlor- und schwefelfrei hergestellt. Diese umweltfreundliche Folie verhält sich grundwasserneutral, verbrennt in Müllverbrennungsanlagen völlig ungiftig und ist voll recyclingfähig.

ISBN 3-7020-0758-X

Printed in Austria
Druck: Druckerei Theiss GmbH, A-9431 St. Stefan

INHALT

VORWORT 9

DER OBSTGEHÖLZESCHNITT 11

WAS BEI DER PFLANZUNG VON OBSTGEHÖLZEN ZU BEACHTEN IST 11
- Was ist eine Unterlage? 11
- Der Einfluß der Sorte auf die Baumgröße 14
- Pflanzabstände der einzelnen Obstarten 15

GRUNDSÄTZLICHES ÜBER SCHNITTMASSNAHMEN 17
- Schnittwerkzeuge 17
- Lebensvorgänge im Baum 19
- Die Wuchsgesetze 20
  - Die praktische Anwendung der Wuchsgesetze 28
- Schnittmaßnahmen 28
- Formieren 29
- Die richtige Schnittführung beim Entfernen von Ästen 30
- Wundbehandlung 32

DER PFLANZSCHNITT (ERZIEHUNGSSCHNITT) 33

DER AUFBAUSCHNITT UND DER ERHALTUNGSSCHNITT 34
- Kronenformen 34
  - Pyramidenkrone 34
  - Hohl- oder Kesselkrone 34
  - Längskronen bzw. Heckenformen 37
  - Zweiasthecke (Y-Form) 37
  - Spalierformen 38
  - Spindel 39
  - Fehler beim Kronenaufbau 42
- Das Fruchtholz 43
- Triebe und Knospen 46
  - Quirlholz 47
  - Das Erkennen der Knospen 49
  - Die Knospenarten 49

UNTERSCHIEDLICHE SCHNITTMASSNAHMEN BEI DEN EINZELNEN OBSTARTEN AUFGRUND VERSCHIEDENER TRIEB- UND KNOSPENBILDUNG 51

DER SCHNITT DES KERNOBSTES 51
Der Schnitt älterer Obstbäume 51
Radikale Verjüngung des Kronengerüstes älterer Bäume 56

DER SCHNITT DES STEINOBSTES 57
Pfirsich 57
Marille (Aprikose) 59
Weichsel (Sauerkirsche) 60
Süßkirsche 60
Zwetschke 64

DER SCHNITT DER NUSSBÄUME 65

DER SCHNITT DES BEERENOBSTES 66
Schwarze Ribisel (Johannisbeere) 66
Rote und Weiße Ribisel (Johannisbeere) 66
Himbeere 68
Brombeere 69
Stachelbeere 70
Kulturheidelbeere 71
Holunder 72
Kiwi 72

DER SOMMERSCHNITT (GRÜNSCHNITT) 74
Hinweise auf die Sommerarbeit bei Umveredelungen 78

DIE FRUCHTAUSDÜNNUNG 79

DER SCHNITT DER ZIERGEHÖLZE 83

ARTEN DES SCHNITTES 83
Der Pflanz- bzw. Aufbauschnitt 83
Der Erhaltungsschnitt 83

DER ZEITPUNKT DES SCHNITTES 88
Frühjahrsblüher 88
Frühsommerblüher 89
Sommer- und herbstblühende Sträucher 89

DER ROSENSCHNITT 91

Rückschnitt im Frühjahr 91
Kletterrosen 93
Park-, Wild- und Strauchrosen 95
Schnitt im Sommer 95

HECKEN UND IHR SCHNITT 97

HECKENPFLANZEN UND IHRE ANSPRÜCHE 100
Nadelgehölze 100
Laubhecken 102
Blütenhecken 106

DER HECKENSCHNITT 108

DAS VEREDELN VON GEHÖLZEN 110

Die Vermehrung der Obstgehölze 110

DAS VEREDELN 110
Das Kopulieren 112
Das Geißfußpfropfen 113
Das Anschäften 115
Das einfache Rindenpfropfen (Rindenschieben) 116
Das verbesserte Rindenpfropfen 116
Das Dickrindenpfropfen – auch Tittelpfropfen genannt 119
Das Okulieren 119

DER REISERSCHNITT FÜR DIE SPÄTWINTER-
UND FRÜHJAHRSVEREDLUNGEN 123
Die Lagerung der Edelreiser 123

LITERATUR 125

VORWORT

„Von der Praxis für die Praxis" – dies ist die Leitlinie des vorliegenden Buches. Es soll eine praktische Hilfe für jeden Gartenbesitzer sein. Der bei meinen zahlreichen und gut besuchten Vorträgen und Kursen immer wieder geäußerte Wunsch der Teilnehmer, ihnen das Gesagte auch schriftlich zur Verfügung zu stellen, hat mich veranlaßt, dieses Buch zu verfassen. Dazu kommt, daß viele Bäume, Hecken und Ziersträucher, vor allem in den Hausgärten, geradezu nach richtiger Pflege „schreien". Vor allem beim Schnitt wird sehr häufig gesündigt, und durch falsche Schnittmaßnahmen kommt es sogar zu einer Verhinderung des möglichen Ertrages.

Dieses Fachbuch soll die häufigsten Fehler aufzeigen und mit seinen zahlreichen Abbildungen den richtigen Schnitt anschaulich darstellen. Vom Pflanzschnitt über die Erziehung der verschiedenen Baumformen (Erziehungsschnitt) bis hin zum Erhaltungsschnitt – wobei die Unterschiede zwischen den einzelnen Obstarten genau aufgezeigt und bildlich dargestellt sind –, werden alle notwendigen Arbeiten angeführt.

Der Schnitt dient, neben der Erziehung einer gewünschten Form, in erster Linie auch dazu, jährliche Blüten und Ernten in bester Qualität zu erzielen. Dazu ist ein Mindestmaß an Kenntnissen um die Gesetze des Wuchses, um die der Knospenbildung und Knospenarten, die Lebensvorgänge im Baum usw. erforderlich.

Zur umfassenden Gartengehölzpflege wurde auch das Wichtigste über den Schnitt der Ziersträucher, Hecken und Rosen aufgenommen. Freilich war es nicht möglich, jede einzelne Art zu beschreiben, sondern nur in Gruppen zusammenzufassen, so daß in diesem Bereich nicht der Anspruch auf Vollständigkeit erhoben werden kann. Für den Gartenbesitzer werden jedoch auch diese Hinweise – neben dem richtigen Schnitt der Obstbäume – eine Hilfe für die Pflege der Ziersträucher und Hecken sein.

Ich habe mich bemüht, alle notwendigen Maßnahmen, die zum Erfolg beitragen, möglichst kurz aufzuzeigen und mit zahlreichen Bildern zu ergänzen, wodurch vieles leichter verständlich gemacht werden kann.

Möge dieses Buch allen, die sich für den Gehölzschnitt interessieren, eine praktische Hilfe sein und zum Erfolg beitragen! Dies wünscht Ihnen

Josef Vötsch

DER OBSTGEHÖLZESCHNITT

WAS BEI DER PFLANZUNG VON OBSTGEHÖLZEN ZU BEACHTEN IST

Obwohl im ersten Teil dieses Buches primär der Schnitt an den Obstgehölzen eingehend behandelt wird, soll auch kurz auf die unbedingt einzuhaltenden Pflanzabstände hingewiesen werden.

Ich habe immer wieder festgestellt, daß in Selbstversorger- und Siedlergärten die Obstbäume meist viel zu eng gepflanzt werden und später versucht wird – wenn die Bäume ineinanderwachsen –, diese durch Schnittmaßnahmen kleiner zu halten. Das führt keineswegs zum Erfolg und schon gar nicht durch einen kräftigen Winterschnitt. Je nach Obstart, Sorte und Unterlage benötigt jeder Baum einen gewissen Standraum. Dies muß bei der Pflanzung stets berücksichtigt werden.

Oftmals wird die zu erwartende Größe eines Baumes von der Stammhöhe, ob Hoch-, Halb-, Viertelstamm oder Buschbaum, abgeleitet. Dies muß aber nicht in jedem Fall stimmen. Auch niederstämmige Bäume können eine relativ große Krone entwickeln, wenn es sich um eine starkwachsende Unterlage handelt. Um die Wuchskraft der einzelnen Bäume richtig einschätzen zu können, ist es darum wichtig, zu wissen, auf welcher „Unterlage" veredelt wurde. Und damit der Einkauf der richtigen „Wuchsgröße" des zukünftigen Obstbaumes besser vorbestimmt werden kann, werden in diesem Kapitel die einzelnen Unterlagen kurz vorgestellt.

Was ist eine Unterlage?

Fast alle Obstbaumsorten werden durch Veredelung vermehrt, d.h. ein Edelreis einer zu vermehrenden Sorte wird mit einer Unterlage verbunden.

Unterlage ist derjenige Teil eines Baumes, der das Wurzelsystem darstellt und bis zur Veredelungsstelle reicht. Dabei kann es sich um einen Sämling (aus Samen gezogen) oder um eine durch Abrisse (von bewurzelten Mutterstöcken) vermehrte (gezüchtete) Typenunterlage handeln.

Die Unterlage bestimmt in hohem Maße das Wachstum bzw. die Größe der Krone eines ausgewachsenen Baumes. Dies ist vor allem beim Apfel sehr unterschiedlich, da es gerade bei dieser Obstart eine große Vielfalt an Unterlagen gibt, die das Wachstum verschieden stark beeinflussen.

*Starkwachsende **Sämlingsunterlage** = Wurzel und Stammansatz bis zur deutlich erkennbaren Veredelungsstelle*

Apfelunterlagen

- Starkwachsend = Sämling und A 2
  Die starkwachsenden Unterlagen finden nur noch im Extensiv- und Mostobstbau Verwendung. Sie sind standfest und stellen an den Boden geringere Ansprüche.
- Mittelstarkwachsend = M 1, M 4, M 7, MM 106
  Die mittelstarkwachsenden Unterlagen sind, mit Ausnahme von M 1, die eine Mittelstellung zwischen stark- und mittelstarkwachsenden Unterlagen einnimmt, nicht sehr standfest.
- Schwachwachsend = M 26, M 9
  M 26 nimmt eine Mittelstellung zwischen mittelstark- und schwachwachsenden Unterlagen ein. In Verbindung mit starkwüchsigen Sorten kann M 26 auch einen mittelstarken Baum ergeben. M 9 stellt höhere Ansprüche an den Boden. Gras- oder Unkrautwuchs im Baumstreifen können zur Wurzelkonkurrenz führen. Beide Unterlagen, M 26 und M 9, sind nicht standfest und benötigen ständig eine Stütze (Pfahl oder Gerüst).

Apfelunterlagen
- starkwachsend
  - Sämling
  - A 2
- mittelstarkwachsend
  - M 1
  - M 4
  - M 7
  - MM 106
- schwachwachsend
  - M 26
  - M 9

Birnenunterlagen

- *Sämling*
  starkwachsend
- *Quitte*
  schwachwachsend
  Quitte aus der Provence ist wüchsiger und weniger kalkempfindlich als Quitte A.
  Weitere Unterlagen sind in Prüfung.

Pfirsichunterlagen

Pfirsichsämling: Die Sämlinge bodenständiger, robuster Pfirsichbäume („Weingartenpfirsiche") ergeben die besten Unterlagen.
Bittermandelsämling und *Pfirsich-Mandel-Bastard* haben für besonders trockene Standorte Bedeutung.

Marillen-(Aprikosen-)Unterlagen

Marillensämling: Saatgut nur von wildwachsenden, bodenständigen Bäumen verwenden.
Zwetschken werden häufig als Marillenunterlage verwendet, da sie frosthärter sind.

Zwetschkenunterlagen

- *Sämlingsunterlagen* (Zwetschken-, Myrobalanen-, St.-Julien-Sämling) weisen meist uneinheitlichen Wuchs auf, die Frosthärte und die Verträglichkeit mit Edelsorten sind je nach Herkunft verschieden.
- *Vegetativ vermehrte Unterlagen* sollten bevorzugt werden, da ihre Eigenschaften einheitlich sind.
  Ackermann: Mittelstarker Wuchs, bildet oft lästige Wurzelaustriebe.
  Brompton: Kräftiger Wuchs, bildet weniger Wurzelaustriebe, bewurzelt sich schwerer.
  Auch wurzelechte Vermehrung von Zwetschkensorten ist üblich.

Kirschenunterlagen

Vogelkirschsämling: Bisher meistverwendete Unterlage.
F 12/1: Vegetativ vermehrt, Wuchs geringfügig schwächer als die meisten Sämlinge.
Schwachwachsende Kirschenunterlagen mit guter Sortenverträglichkeit sind bisher noch nicht gefunden worden.

Weichselunterlagen

Wie bei der Kirsche, zusätzlich
Mahaleb-Weichsel (Sämling oder vegetativ vermehrt): Schwächer wachsend, es dürfen nur Herkünfte mit guter Verträglichkeit verwendet werden.

Nußunterlagen

Walnußsämling: Für trockene Standorte.
Schwarznußsämling: Schwächer wachsend, für feuchtere, schwere Böden.

Der Einfluß der Sorte auf die Baumgröße

Für das Wachstum bzw. die Größe eines ausgewachsenen Baumes hat – wenn auch nicht in dem Ausmaß wie die Unterlage – auch die Sorte einen gewissen Einfluß. Es gibt starkwachsende und weniger starkwachsende Obstarten und -sorten.

Starkwachsende Obstarten (großkronige Bäume) sind z.B. Nüsse, Edelkastanie, Mostbirnbäume, Kirsche, aber auch verschiedene Apfelsorten, wenn sie auf eine starkwachsende Unterlage veredelt sind. Die Vielfalt der Apfelsorten erlaubt es nicht, alle stark- und schwachwachsenden Sorten anzuführen. Nur einige Beispiele:

Starkwachsende Apfelsorten: Gravensteiner, Schöner v. Boskoop, Welschbrunner, Bohnapfel, Gloster, usw.

Schwachwachsende Apfelsorten: W. Klarapfel, Maschansker, Idared, Ontario, James Grieve, Jakob Lebel, Champagner Renette, usw.

Pflanzabstände der einzelnen Obstarten

Damit die Besonnung auch noch bei ausgewachsenen Bäumen sichergestellt wird, muß jedem Baum ein entsprechender Standraum eingeräumt werden. Da aber nicht alle Bäume ein gleich großes Kronenvolumen bilden, sind verschiedene Abstände zu wählen. Der Pflanzabstand hängt von der Obstart, Unterlage und Sorte sowie von der Baumform ab. Der größte Unterschied im Pflanzabstand ergibt sich beim Apfel, auch wenn es sich um die gleiche Sorte handelt, da uns verschiedene Unterlagen von stark- bis schwachwachsend zur Verfügung stehen.

Äpfel
Starkwachsende Unterlagen
Sämling und A 2, je nach Sorte 8 x 6 bis 9 x 8 m.
Mittelstarkwachsende Unterlagen
M 1, M 4, M 7, M 106, je nach Sorte 5 x 4 m bis 6 x 5 m.
Schwachwachsende Unterlagen
M 26, M 9, je nach Sorte 3,50–4 m x 1,20–2 m (M 26 kann auch weitere Pflanzabstände erfordern, *siehe Seite 12).*

Birnen
Hier ist die Anzahl der Unterlagen nicht so groß und daher der Pflanzabstand nicht so vielfältig.
Starkwachsende Sämlinge, je nach Sorte 6 x 4 m bis 7 x 6 m (Mostbirnen 10 x 8 m).
Schwachwachsende Quitte 3 x 1,50 m bis 5 x 4 m (je nach Erziehungsform).

Pfirsiche
Für alle Unterlagen 6 x 4–5 m

Marillen
Für alle Unterlagen 6 x 5–6 m

Zwetschken 6 x 5–6 m

Kirschen 8 x 6–7 m

Weichseln 6 x 5–6 m

Nüsse 8 x 7 bis 8 x 8 m

Schwarze Ribisel (Johannisbeere) 3 x 1,7–2 m

Rote Ribisel 3 x 1,5–1,8 m

Erdbeere Meist in Dreieckpflanzung 25 x 25–30 cm

Himbeere 2 x 0,3–0,5 m

Brombeere 2–3 x 2 m

Kulturheidelbeere 2–3 x 1,5 m

Kulturpreiselbeere 6–8 Pflanzen pro m^2

Holunder 5 x 3,5 m

GRUNDSÄTZLICHES ÜBER SCHNITTMASSNAHMEN

Ziel eines jeden Baumschnittes muß es sein, von Jugend an ein kräftiges, tragfähiges Astgerüst aufzubauen und dem Baum eine bestimmte Form zu verleihen. Wir schneiden aber nicht nur wegen der Formgebung, sondern um letztendlich jährlich qualitativ hochwertige Früchte ernten zu können. Für die Erreichung dieses Zieles sind verschiedene Grundsätze einzuhalten, und je nach Obstart und -sorte ist auch beim Schnitt verschiedentlich vorzugehen. Es läßt sich daher kein starres Schema aufstellen, das allgemeine Gültigkeit hat.

Tatsache ist freilich, daß man durch gezielte und richtige Schnittmaßnahmen viel erreichen kann, wie z.B. Fördern oder Bremsen des Wachstums, frühzeitiges Einsetzen des Ertrages an Jungbäumen, Ausschalten der Alternanz (d.h. daß die Bäume nicht nur jedes zweite Jahr tragen) durch Fruchtholzverjüngung, usw.

Bei all unseren Eingriffen müssen wir jedoch darauf achten, daß wir es nicht mit leblosem Material, sondern mit lebenden Pflanzen zu tun haben, die, bei richtiger Durchführung, positiv, bei falschen – der Natur zuwiderlaufenden Eingriffen – jedoch negativ reagieren.

Um von vornherein grobe Fehler zu vermeiden, müssen wir bestimmte Naturgesetze und Lebensvorgänge kennen und uns bei all unseren Pflegemaßnahmen danach halten. Es ist unsere Aufgabe, die Natur zu beobachten, von ihr zu lernen und dabei das Beste für uns herauszuholen – ohne sie freilich zu vergewaltigen.

Schnittwerkzeuge

Zu einem fachgerechten Baum- und Sträucherschnitt gehört auch das richtige Werkzeug. Vielfach werden noch Schnittwerkzeuge eingesetzt, mit denen keine richtige Schnittführung möglich ist. Völlig abzulehnen ist es, wenn beim Schnitt größerer Bäume – vom Boden aus mit einem Fuchsschwanz, der an einer langen Stange befestigt ist – Äste abschnitten werden. Dabei kann es keine einwandfreie Schnittführung geben, und es verbleibt meist ein Stummel, der abstirbt, und die Wunde kann nicht verheilen.

Als vorteilhaft hat sich eine Bügelsäge erwiesen, mit einem auf einfache Weise verstellbaren Blatt und gehärteten Zähnen. Solche Blätter bleiben lange

***Schnittwerkzeuge:** Baumsäge mit verstellbarem Blatt, Hippe (sichelförmiges Messer) und verschiedene Baumscheren*

Zeit scharf, und es entfällt das Feilen. Ein Auswechseln des Blattes ist, je nach Gebrauch, oft erst nach Jahren notwendig.

Baumscheren gibt es in verschiedenen Ausführungen. Für einen glatten Schnitt eignen sich einschneidige Scheren aus Leichtmetall am besten. Die Klinge sollte auswechselbar und der Verschluß mit einer Hand zu betätigen sein.

Gutes Werkzeug hat freilich auch seinen Preis. Man sollte sich jedoch bei jedem Einkauf nicht allein von ihm leiten lassen. Zeitaufwand und Anstrengung sind bei gut schneidendem, handlichem Werkzeug wesentlich geringer, so daß sich ein etwas höherer Preis innerhalb kurzer Zeit bezahlt macht.

Schnittwerkzeuge für den Heckenschnitt

Für den Schnitt von Hecken werden vom Handel verschiedene Werkzeuge angeboten. Hat man große Flächen zu schneiden, bedient man sich am besten einer Motor-Heckenschere. Nicht motorbetriebene Scheren sind sehr kraftaufwendig, jedoch für kleine Heckenflächen ausreichend.

Lebensvorgänge im Baum

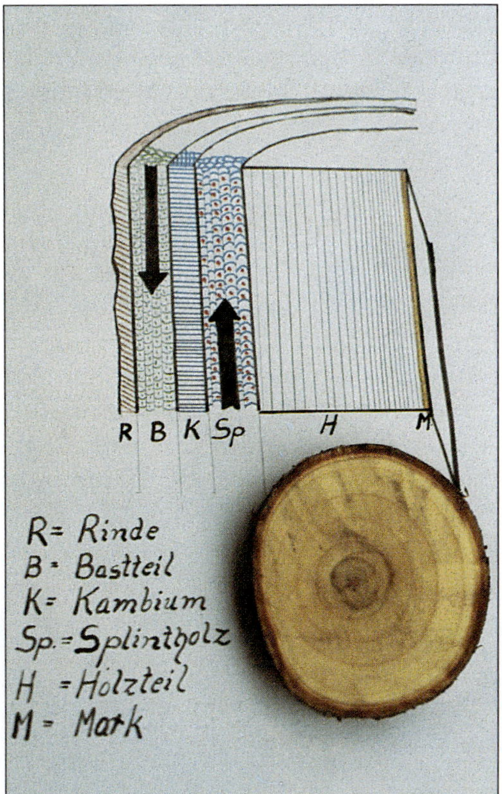

Stammquerschnitt

Die durch die Wurzeln aufgenommenen, im Wasser gelösten Mineralstoffe werden im Splintholz zu den Blättern transportiert, in denen – mit Hilfe des Blattgrüns und unter Einwirkung des Sonnenlichts – Baustoffe (Stärke, Zucker, etc.) gebildet werden. Diesen Vorgang nennen wir Assimilation. Diese Baustoffe werden sodann im Bastteil zu den Verbraucherstellen (wachsende Teile des Baumes, Früchte) befördert. Im Kambium geht die Zellteilung vor sich, wodurch das Dickenwachstum erfolgt. Außerdem ist ersteres für die Wundverheilung und, bei Veredelungen, für das Anwachsen der Edelreiser verantwortlich.

Die ausreichende Versorgung mit Assimilaten hat neben einem guten Wachstum und ausreichenden Erträgen auch eine gute Holzreife zur Folge, was bei tiefen Wintertemperaturen besonders wichtig ist, damit Frostschäden vermieden werden.

Im Herbst werden in allen Baumteilen – besonders aber auch in den Wurzeln – Reservestoffe eingelagert, die für den Austrieb im Frühjahr verantwortlich sind. Sie sind bei gut gepflegten und mit ausreichend Mineralstoffen versorgten Bäumen in dem Maße vorhanden, daß sie zu Vegetationsbeginn im Frühjahr alle Baumteile (welche im Herbst vorhanden waren) ausreichend ernähren können.

Werden nun im Zuge des Winterschnittes viele Äste und Triebe entfernt, so kann es beim Austrieb zu einem erhöhten Angebot an Nährstoffen für die verbleibenden Baumteile kommen. Daraus ist abzuleiten, daß ein früher Winterschnitt einen kräftigeren Austrieb zur Folge hat.

Daher sollte er an stark wachsenden Bäumen eher etwas ins Frühjahr hinausgezögert werden, so daß die Nährstoffe bereits zu den Triebenden (Verbraucherstellen) gelangt sind und teilweise mit den Ästen und Trieben entfernt werden. Damit kann ein unerwünscht kräftiges Wachstum etwas gebremst werden.

Die Wuchsgesetze

Bei der Durchführung von Schnittmaßnahmen müssen unbedingt die Natur- bzw. Wuchsgesetze beachtet werden. Planloser Baumschnitt ohne Berücksichtigung der Wuchsgesetze führt garantiert zum Mißerfolg.

Nach jedem Schnitt wird der Baum in irgendeiner Form reagieren. Wie er reagiert, sollte man schon vorher abschätzen können. Damit dies einigermaßen möglich ist, muß jeder, der Bäume schneiden möchte, über die Wuchsgesetze Bescheid wissen.

Welche Wuchsgesetze sind zu berücksichtigen?

- Spitzenförderung
- Trieblage
- Oberseitenförderung
- Assimilationsfläche
- Anschnittlänge
- Fruchtbelastung

Spitzenförderung *(siehe Abbildungen Seite 21)*

Jede Knospe, jeder Trieb und jeder Ast, welche(r) andere überragt, d.h. höher ist als andere, wird stärker wachsen und längere Triebe hervorbringen. Damit sich z.B. die Leitäste eines Baumes gleichmäßig stark entwickeln, ist darauf zu achten, sie in der gleichen Höhe (Saftwaage) anzuschneiden.

Spitzenförderung
Hier ist deutlich erkennbar, daß die höherstehenden Äste eine wesentlich stärkere Triebentwicklung aufweisen als die darunterliegenden

Trieblage *(siehe Abbildungen Seite 23)*

Jeder Ast und jeder Trieb, der einen steileren Winkel einnimmt oder gar senkrecht verläuft, wird stärker wachsen als flacher oder waagrecht stehende Äste und Triebe. Waagrecht verlaufende Triebe hingegen werden eher und mehr Früchte bringen.

Oberseitenförderung *(siehe Abbildungen Seite 24)*

Bei bogenförmigen Trieben entstehen die stärksten Triebe am Scheitel. Auch treiben die Knospen eines schräg stehenden Triebes, die sich auf der Oberseite befinden, stärker durch.

Assimilationsfläche

Äste, an denen sich mehr und längere Seitentriebe befinden, weisen mehr Blattmasse und daher eine größere Assimilationsfläche auf – vorausgesetzt, daß alle Blätter ausreichend belichtet sind –, wodurch mehr Baustoffe gebildet werden, die ihrerseits das Triebwachstum fördern.

Anschnittlänge *(siehe Abbildungen Seiten 25, 26)*

Die Anschnittlänge, vor allem bei einem einjährigen Trieb, bestimmt in hohem Maß die weitere Triebentwicklung des Fortsetzungstriebes und der Seitentriebe.

Bremsen des Wachstums nach oben *(siehe Abbildungen Seite 27)*
Hat ein Baum die gewünschte Höhe erreicht, so wird der Endtrieb an den Leitästen nicht mehr im mittleren Bereich angeschnitten, sondern einfach laufen gelassen (kein Rückschnitt) oder nur die Terminalknospe entfernt.

Dadurch entwickeln sich im mittleren Bereich des Triebes Fruchtspieße mit Fruchtknospen. Im darauffolgenden Jahr kann dann auf eine gut entwickelte Fruchtknospe abgesetzt werden.

Sind nun bis zum äußersten Ende des zweijährigen Triebes Früchte vorhanden, so wird die Triebentwicklung durch die Fruchtbelastung gebremst.

Fruchtbelastung

Je mehr Früchte an einem Baum, Ast oder Trieb vorhanden sind, desto geringer wird das Wachstum (die Triebbildung) sein. Ein jährliches Triebwachstum (Kurztriebe von ca. 30–40 cm) ist jedoch anzustreben, damit ständig junges Fruchtholz für jährliche Ernten vorhanden ist. Durch richtiges Schneiden und Ausdünnen der Früchte bei zu starkem Fruchtansatz kann beides erreicht werden.

Trieblage: *Die steilstehenden Triebe (links) sind wesentlich länger als am rechten, fast waagrecht verlaufenden Ast*

Trieblage: *Verschieden starker Austrieb, je nach Stellung des Triebes*

Ein falsch erzogener und geschnittener Baum, mit viel zu steil wachsenden Ästen und Trieben, aber ohne Fruchtknospen

Oberseitenförderung
Austrieb bei einem bogenförmigen Trieb

Hier kommt die ***Oberseitenförderung*** *am bogenförmigen Trieb zum Tragen. Nicht die Endknospe (Terminalknospe), sondern die obersten Knospen haben durchgetrieben*

Oberseitenförderung
An bogenförmigen Ästen entwickeln sich, nach dem Wegschneiden steilstehender Triebe, aus „Schlafenden Augen" neue Triebe

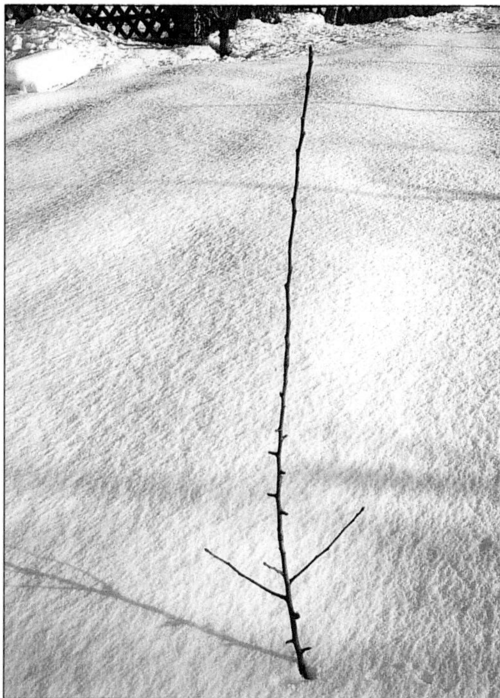

Kein Anschnitt: *Aus der Terminalknospe (Endknospe) entwickelt sich ein Trieb, der um so stärker wächst, je steiler der Ast steht. Die dahinter liegenden Verzweigungen sind schwach und werden meist als Fruchtspieße ausgebildet*

Wird die Terminalknospe entfernt ***(langer Anschnitt),*** *so werden die dahinter liegenden schwachen Knospen wohl durchtreiben, es entsteht aber kein allzu starker Trieb*

*Ein **Anschnitt im mittleren Bereich** des Triebes (dort befinden sich die am besten entwickelten Knospen) fördert das Durchtreiben mehrerer Knospen, und es entstehen 3–4 kräftige Triebe, von denen der Konkurrenztrieb fast immer der stärkste ist (1 = Konkurrenztrieb, 2 = Fortsetzungstrieb)*

*Ein **kurzer Anschnitt,** fast bis zur Basis hin, hat eine schwache Triebentwicklung zur Folge, da sich in Basisnähe nur schwache Knospen befinden, die ohne Anschnitt schlafend bleiben (nicht austreiben) würden. Dieser Schnitt kann zum Erzielen von kurzem Fruchtholz angewendet werden*

*Ein „Laufenlassen" **(Nicht-zurück-Schneiden)** eines einjährigen Triebes führt beim Kernobst in der Regel zur Fruchtspieß- und Fruchtknospenbildung*

***Ein Jahr danach** ist dieser Trieb mit Fruchtholz „garniert" und kann abgesetzt werden*

Ein bis zum Triebende mit Blüten besetzter Trieb, durch richtiges Vorgehen bei der Baumpflege erreicht

*Durch Fruchtbelastung im Wachstum stark **gebremstes Triebwachstum***

Die praktische Anwendung der Wuchsgesetze

Will man einen Ast oder Trieb im Wachstum fördern, so sind folgende Maßnahmen zu treffen:

- steiler stellen (hinaufbinden)
- höher als andere belassen bzw. anschneiden
- mehr Seitentriebe (Blattmasse) belassen bzw. fördern
- Jahrestriebe im mittleren Bereich auf kräftige Augen anschneiden
- nur wenige oder keine Früchte in diesem Bereich belassen

Will man das Wachstum bremsen, so ist genau das Gegenteil zu tun:

- flacher stellen (herunterbinden, abspreizen)
- niedriger als andere stellen bzw. schneiden
- weniger Blattmasse anstreben
- Jahrestriebe nicht anschneiden oder nur die Terminalknospe entfernen
- mehr Früchte in diesem Bereich belassen

Schnittmaßnahmen

Anschneiden nennt man das Einkürzen eines einjährigen Triebes.
Absetzen nennt man das Zurücksetzen eines Astes bis zu einer Verzweigung (Ableiten auf einen Nebentrieb).
Wegschneiden ist das Entfernen eines Triebes oder Astes an der Basis.

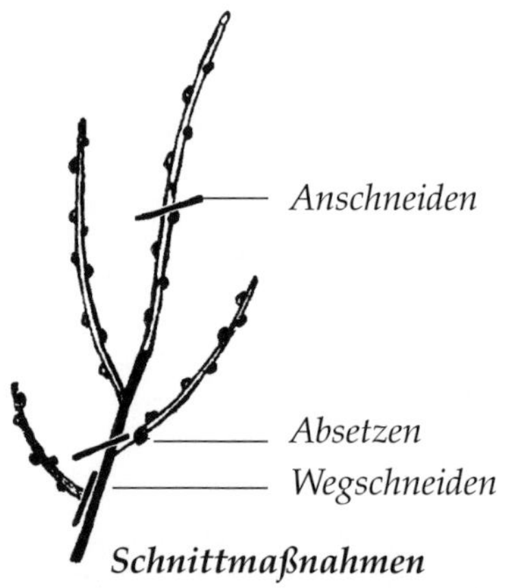

Schnittmaßnahmen

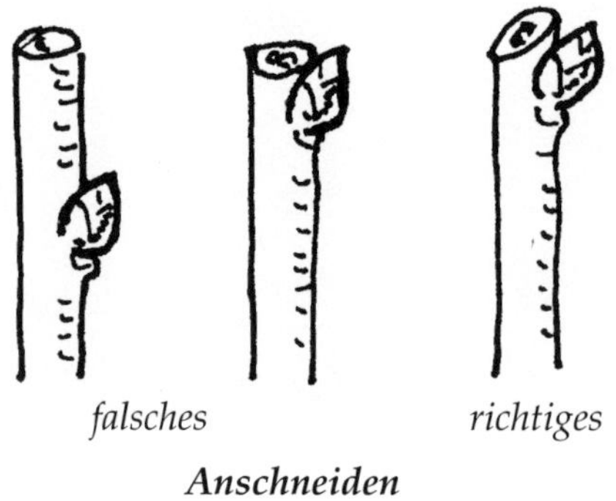

Anschneiden

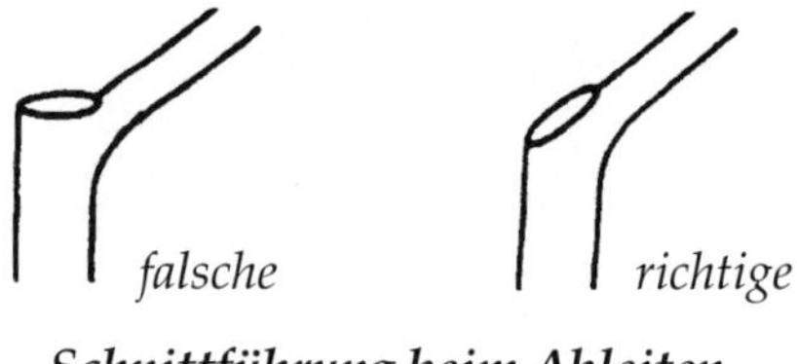

Schnittführung beim Ableiten

Formieren

Im Zuge der Schnittmaßnahmen ist meist auch ein Formieren notwendig. Es dient zu deren Unterstützung. Formieren heißt, daß alle Äste in die richtige Stellung gebracht werden. Leitäste, die zu flach verlaufen, müssen hochgebunden werden. Zu steil wachsende Äste werden abgespreizt oder heruntergebunden. Triebe bzw. Äste, die als Fruchtäste gezogen werden, sollten von der Basis weg eine möglichst waagrechte Stellung einnehmen. Oft kann man durch zeitgerechtes und richtiges Formieren Äste und Triebe erhalten, welche sonst zu dicht stehen würden und weggeschnitten werden müßten. Der günstigste Zeitpunkt für das Formieren zweijähriger Äste ist etwa der August,

Formieren der Krone: *Besonders steilwachsende Sorten, wie z.B. Gloster und Kronprinz Rudolf, müssen in ihrer Jugendentwicklung entsprechend formiert werden*

noch bevor eine zu starke Verholzung einsetzt, sonst wird es gemeinsam mit den Schnittmaßnahmen durchgeführt. Triebe, die als Fruchttriebe gezogen werden, werden aber besser zur Zeit der Blüte formiert, da es dann zu einem geringeren Durchtreiben an der Trieboberseite kommt.

Die richtige Schnittführung beim Entfernen von Ästen

Beim Wegschneiden ganzer Äste muß unbedingt darauf geachtet werden, daß die Rinde nicht einreißt. Schwere Äste sind daher vorerst in einer gewissen Entfernung von der Ansatzstelle abzusägen. Der Stummel wird sodann mit einem glatten Schnitt am Astring entfernt. Der Astring ist auch bei älteren Ästen noch deutlich – als ringförmiger Wulst – erkennbar. Dieser Astring sollte nicht weggeschnitten werden, es darf aber auch auf keinen Fall ein Stummel verbleiben, da dieser nicht verheilt und zu morschen beginnt.

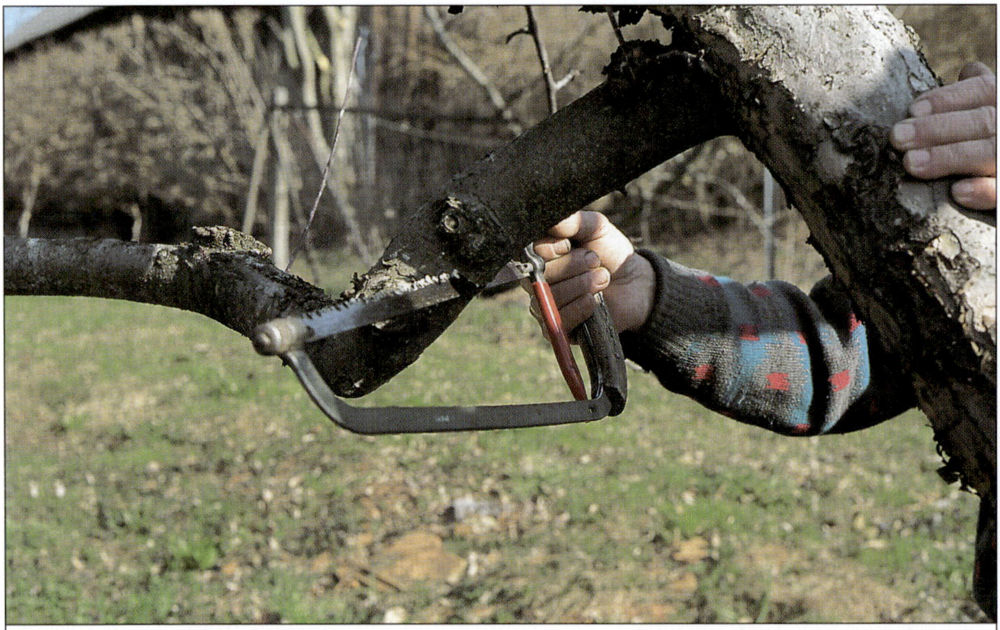

Absägen dicker Äste: *Der Ast wird ca. 25 cm vor der Basis von unten eingeschnitten*

Anschließend wird der Schnitt von oben geführt, bis der Ast abfällt

Erst jetzt wird der verbleibende Aststummel an der Basis abgesägt

Wundbehandlung

Sofort nach dem Schnitt müssen alle Schnittstellen (Wunden) am Baum mit einem Wundverschlußmittel (Lac Balsam, Kambisan, o.ä.) verstrichen werden.

Die Wundränder können, müssen aber nicht glatt geschnitten werden. Falsch wäre es allerdings, die Ränder abzurunden, da dadurch die Wunde vergrößert wird und die restlose Verheilung länger dauert.

Richtige Schnittführung:
Der Astring (Pfeil) darf nicht mit dem Ast entfernt werden. Alle Schnittstellen sind mit einem Wundverschlußmittel zu behandeln

Wurde der Schnitt richtig durchgeführt und die Wunde behandelt, läßt sich bereits nach zwei Jahren eine ***gute Wundverheilung*** *feststellen. (Einige Triebe in der Nähe der Schnittstelle fördern zusätzlich die Kallusbildung)*

DER PFLANZSCHNITT (ERZIEHUNGSSCHNITT)

Mit dem Erziehungsschnitt wird dem Baum die Kronenform gegeben (= Formierschnitt). Der Schnitt im 1. Jahr wird als Pflanzschnitt bezeichnet; er ist nicht nur im Hinblick auf die Formgebung wichtig, sondern begünstigt auch ein besseres Anwachsen sowie die Neutriebbildung. Durch das Roden (Ausstechen) in der Baumschule wurden die Wurzeln des Jungbaumes reduziert und damit das physiologische Gleichgewicht gestört. Dies muß auch durch eine Triebreduzierung ausgeglichen werden. Vom Rückschnitt ausgenommen sind die Seitentriebe bei der Spindelerziehung *(siehe Seite 39)*.

*Bereits beim **Pflanzschnitt** muß danach getrachtet werden, daß alle Leittriebe in gleicher Höhe (Saftwaage) auf ein Auge nach außen angeschnitten werden*

DER AUFBAUSCHNITT UND DER ERHALTUNGSSCHNITT

Zum **Aufbauschnitt** zählen alle Schnittmaßnahmen nach dem Pflanzschnitt, die zum gewünschten Kronenaufbau und zur angestrebten Kronenform führen. Ist der Kronenaufbau abgeschlossen, so reicht später ein **Erhaltungsschnitt** mit dem Ziel, die Bäume jung zu erhalten und jährlich qualitativ hochwertige Ernten zu ermöglichen. Dazu gehören das ständige Lichthalten der Krone, laufende Fruchtholzverjüngung und der Sommerschnitt.

Kronenformen

Der Aufbau einer Krone ist, je nach Erziehungsform, verschieden. Wichtig bei allen Formen ist, daß ein tragfähiges Gerüst aufgebaut wird. Bereits am Jungbaum sind nur so viele Äste (Leitäste) zu belassen, daß auch in weiterer Folge die optimale Belichtung aller Kronenteile gegeben ist. Zu dichte Kronen liefern nur minderwertige Früchte (Schattenfrüchte).

Pyramidenkrone *(siehe Abbildungen Seite 35)*

Sie besitzt einen Mittelast (Stammverlängerung) und darf maximal 3–4 gleichrangige Leitäste aufweisen. Dadurch ist eher gewährleistet, daß alle Kronenteile im Ertragsstadium ausreichend belichtet werden. Dennoch neigt die Pyramidenkrone eher zur Verdichtung, da der Mittelast aufgrund seiner senkrechten Stellung stärker wächst und sich auch stärker verzweigt. Die Pyramidenkrone ist jedoch in Gegenden mit größeren Schneehöhen stabiler und nicht so schneebruchgefährdet wie die Hohlkrone.

Hohl- oder Kesselkrone *(siehe Abbildungen Seite 36)*

Die Hohlkrone ist gegenüber der Pyramidenkrone als wesentlich bessere Erziehungsform – besonders für steilwachsende Sorten – zu beurteilen. Durch das Fehlen des Mittelastes wird eine bessere Besonnung auch im Inneren der Krone möglich.

Ein **Jungbaum vor dem Pflanzschnitt.** Als erstes müssen die Leittriebe, die für den Kronenaufbau bestimmt sind und gleichmäßig angeordnet sein sollten, festgestellt werden. Bei diesem Jungbaum ist der rechte Trieb, der jedoch unbedingt als Leittrieb gebraucht wird, zu flach und muß durch Hochbinden in die richtige Stellung gebracht werden

Derselbe **Jungbaum nach dem Pflanzschnitt.** Er wurde als **Pyramidenkrone** formiert. Nebst dem Mitteltrieb (Stammverlängerung) wurden drei Leittriebe, möglichst in gleicher Höhe (Saftwaage), zurückgeschnitten, und der ursprünglich zu flach verlaufende Trieb wurde hochgebunden. Die übrigen drei Triebe werden bereits als Fruchttriebe genützt, nicht angeschnitten und sollten eine möglichst waagrechte Stellung einnehmen (abspreizen). (a = Mitteltrieb, b = Leittriebe, c = Fruchttriebe)

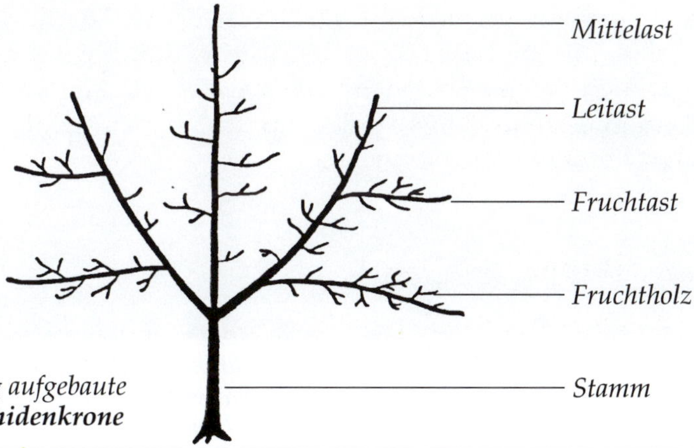

Richtig aufgebaute **Pyramidenkrone**

*Bei der **Erziehung als Hohlkrone** wird derselbe Vorgang gewählt, nur der Mitteltrieb wird zur Gänze entfernt (linker Trieb wird herab-, rechter oberer Trieb hinaufgebunden). Bei nicht steil wachsenden Sorten könnte ein vierter Seitenleittrieb belassen werden*

*Schön aufgebaute **Hohlkrone.** Der Blütenansatz reicht bis ans Ende der Leitäste (zu kräftiges Wachstum wird gebremst). Die Blütenanzahl garantiert einen ausreichenden Ertrag*

Längskronen bzw. Heckenformen

Der Name besagt bereits, daß zwei Leitäste in die Reihenrichtung gezogen werden (für eine einfachere Erziehung ist ein Drahtgerüst von Vorteil). Der Reihenabstand kann daher bei gleich stark wachsenden Bäumen geringer als bei Rundkronen sein, und es ist demnach genügend Freiraum gegeben.

Die Krone besteht aus einem Mittelast und zwei Leitästen. Wie bei der Pyramidenkrone, ist der Mittelast im Wuchs wesentlich stärker; er unterdrückt und beschattet die Leitäste. Der Ertrag des Mittelastes ist meist nicht so hoch, damit die Nachteile, die diese Kronenform bringt, ausgeglichen werden können.

Längskrone

Zweiasthecke (Y-Form)

Die Zweiasthecke weist nur zwei Leitäste auf. Der Mittelast wird bereits – sofern die passenden Seitentriebe für die Leitasterziehung vorhanden sind – beim Pflanzschnitt entfernt. Die Fruchtäste werden in der Folge waagrecht angeordnet.

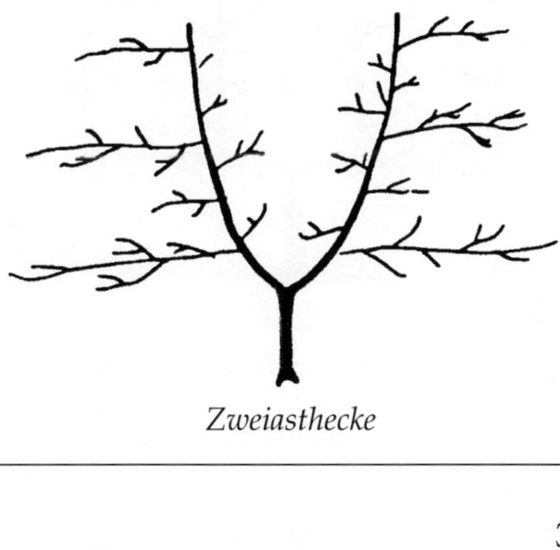

Zweiasthecke

Spalierformen

Gartenliebhaber können selbstverständlich auch verschiedene Spalierformen, wie die doppelte U-Form *(siehe Zeichnung)*, erziehen. Diese Erziehungsform ist nur an Bäumen auf schwachwachsender Unterlage und durch einen exakten Sommerschnitt erfolgreich. Genaue Beachtung der Wuchsgesetze und regelmäßige Grünarbeiten sind Voraussetzungen für ein gutes Gelingen.

Werden Spalierformen an einer Hauswand gezogen, so sollte man sich bereits vor der Pflanzung im klaren sein, welche Form gewählt wird. Dementsprechend ist ein notwendiges Gerüst zu erstellen, denn für die Formgebung müssen bereits die jungen Triebe gelenkt und in die gewünschte Richtung gebunden werden. Als Gerüst eignet sich am besten ein Lattenrost, da dieser tragfähiger ist und ein besseres Anbinden der Triebe ermöglicht als ein Drahtrahmen.

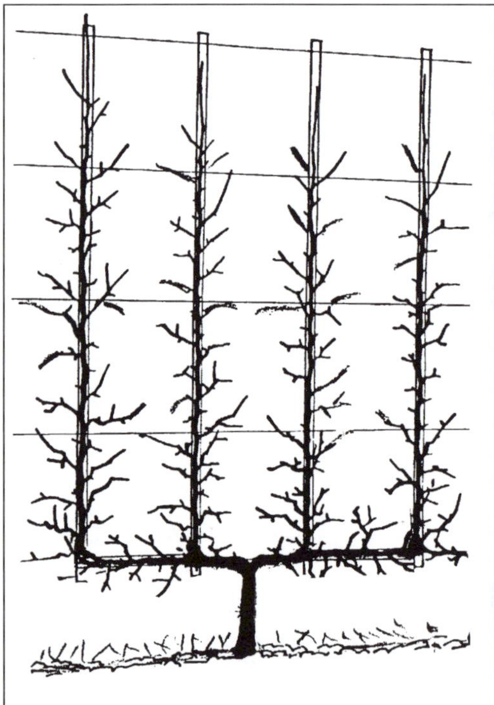

Doppelte U-Form: *Sie eignet sich sehr gut für Wandspaliere und wird am besten auf einem Lattenrost erzogen*

Wandspalier: *In rauhen, kalten Lagen ist es zweckmäßig, auch Kernobst als Wandspalier zu ziehen (Apfel: James Grieve)*

Spindel

Im Gegensatz zu den bisher beschriebenen Formen weist die Spindel einen Mittelast, aber keine Leitäste auf. Die Fruchtäste und Fruchttriebe entspringen direkt vom Mittelast; sie müssen durch rechtzeitiges Formieren in eine waagrechte Stellung gebracht werden. Durch dieses Waagrechtbinden wird ein starkes Wachstum verhindert und zugleich der Fruchtertrag gefördert. Die Fruchtäste müssen, von unten nach oben laufend, kürzer gehalten werden, damit ein Überbauen der Krone verhindert wird.

Spindel
Seitentriebe (Fruchttriebe) werden beim Pflanzschnitt in der Regel nicht angeschnitten, jedoch in eine möglichst waagrechte Stellung gebracht

*Eine **überbaute Spindel-Krone.** Die unteren Astpartien werden bereits von oben unterdrückt und kümmern. Der linke Ast oben ist viel zu steil und muß daher entfernt werden. Die oberen Astpartien wurden durch den Rückschnitt zu kräftig*

Zusammenfassend kann zum Kronenaufbau folgendes gesagt werden:

Der Mittelast ist die direkte Fortsetzung des Stammes. Die Leitäste bilden das tragende Gerüst; sie entspringen direkt dem Stamm oder Mittelast.

Fruchtäste sind flachstehende Äste, die in lockeren Abständen den Leitästen bzw. dem Mittelast entspringen.

Auch in den nächsten Jahren werden bei der Erziehung der meisten Kronenformen die Leitäste angeschnitten, damit sie, erstens, gekräftigt werden und, zweitens, an der gewünschten Stelle am Leitast Verzweigungen erreichen, die zu Fruchtästen formiert werden. Der Anschnitt der Leitäste erfolgt so lange, als diese weiterwachsen sollen.

Eine Pyramidenkrone im vierten Standjahr ***vor dem Schnitt***

Gleicher Baum ***nach dem Schnitt.*** *Der Mittelast sowie die Leitäste wurden möglichst in gleicher Höhe (Saftwaage) zurückgeschnitten und formiert, damit ein gleichmäßiges Wachstum gewährleistet werden kann. Zusätzlich wurden auch noch Fruchtäste eingekürzt, um sie zu kräftigen und ein Weiterwachsen der Jahrestriebe zu erreichen*

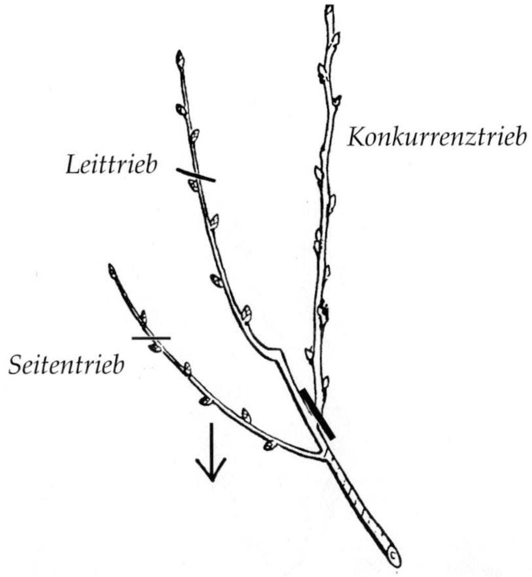

Der Konkurrenztrieb ist zur Gänze zu entfernen. Einjährige Seitentriebe werden beim Kernobst grundsätzlich nicht angeschnitten, damit sie Fruchtknospen ansetzen und im nächsten Jahr fruchten. Soll sich daraus aber ein stärkerer Seitenast (Fruchtast) entwickeln, erfolgt auch an Seitentrieben ein Rückschnitt, bei gleichzeitiger Formierung in eine möglichst waagrechte Stellung

Die Konkurrenzknospe sollte gleich beim Winterschnitt entfernt werden, damit sich daraus kein Konkurrenztrieb entwickeln kann, der später ohnedies entfernt werden müßte

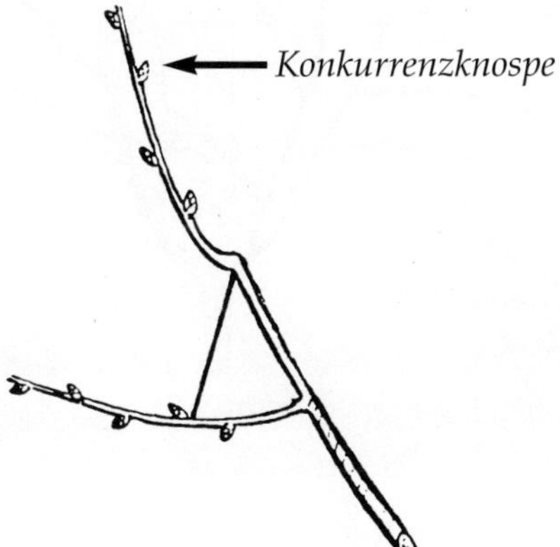

Fehler beim Kronenaufbau *(siehe auch Bilder auf den Seiten 47, 52 unten, 53)*

An einem selten oder nicht geschnittenen Baum entwickeln sich die Äste zu dünn und zu lang und sind damit für eine große Fruchtlast viel zu schwach

Hier war ein starker Rückschnitt für die Kräftigung der tragenden Äste notwendig

Wurde der Aufbauschnitt nicht richtig durchgeführt, bzw. wurden Jungbäume Jahre hindurch nicht geschnitten, so kommt es zu weit ausladenden Leit- und Fruchtästen. Die langen und zu dünnen Äste sind nicht in der Lage, das Fruchtgewicht zu tragen; sie kippen um oder brechen ab. In der Folge ist ein stärkerer Rückschnitt notwendig, um das Dickenwachstum zu fördern und damit die tragenden Äste zu kräftigen.
Dieser massive Eingriff, der ja einen Verlust an Substanz darstellt, wäre nicht notwendig, wäre dieser Baum einem richtigen Aufbauschnitt unterzogen worden.

Das Fruchtholz

Es dient nicht mehr dem Aufbau des Kronengerüstes, sondern, wie schon der Name sagt, der Blüten- und späteren Fruchtentwicklung. Es besteht aus Fruchtruten, Fruchtspießen, Quirlholz und Fruchtkuchen mit verschiedenen Knospen.

Fruchttrieb beim Kernobst

Älteres Fruchtholz wird im Zuge des Erhaltungschnittes entfernt, so daß sich junges bilden kann (Fruchtholzerneuerung). Ein Fruchtast sollte auf seiner ganzen Länge gleichmäßig mit Fruchtholz „garniert“ sein.

Fruchtäste des Kernobstes
mit verschiedenem Fruchtholz

*Zur **Fruchtholzverjüngung** wird altes Fruchtholz zurückgenommen bzw. entfernt. Dies geschieht vor allem in Jahren, in denen sich viele Fruchtknospen am Baum befinden*

Die nach unten hängenden abgetragenen Äste wurden entfernt

Triebe und Knospen

Sie sind die jüngsten Organe eines Baumes. Der jährliche Triebzuwachs ist vom gesamten Pflegezustand und vor allem auch von den Schnittmaßnahmen abhängig *(siehe „Auswirkungen eines unterschiedlichen Anschnittes an einjährigen Trieben", Seiten 25–27).*

Ein starker Rück-, aber auch Auslichtungsschnitt in der Winterruhe fördert die Neutriebbildung.

Bilden sich durch richtiges Schneiden jährlich Jungtriebe (Ersatzholz), und werden diese richtig behandelt, so kann mit jährlichen, qualitativ hochwertigen Ernten gerechnet werden. Selbstverständlich gibt es auch noch anderes Fruchtholz, wie etwa bei der Kirsche die Buketttriebe *(siehe Seite 62)* oder beim Apfel das sogenannte Quirlholz.

Durch den Fruchtholz-Erneuerungsschnitt bildet sich wieder ***junges Fruchtholz*** *(Fruchtruten und Fruchtspieße), das auch beim Kernobst einen jährlichen Ertrag gewährleistet*

Werden im Zuge des Winterschnittes jedoch alle einjährigen Triebe zurückgeschnitten, so treiben viele Augen durch, und es gibt an solchen Trieben nur eine kräftige Triebentwicklung, jedoch kaum eine – oder überhaupt keine – Fruchtknospenbildung

Quirlholz

Es fruchtet in der Regel nur jedes zweite Jahr, bis es schließlich abstirbt. Sind am Quirlholz Früchte vorhanden, so bildet sich im selben Jahr am Fruchtkuchen meist nur eine Übergangsknospe, die erst wieder im darauffolgenden Jahr zu einer Fruchtknospe ausgebildet wird.

Gibt es an älteren Kernobstbäumen nur Quirlholz – das übrigens meist nur minderwertige Früchte liefert – und keine jungen Fruchtruten und Fruchtspieße, so werden diese Bäume alternieren, d.h. nur jedes zweite Jahr Früchte bringen. Dies ist sehr häufig in ungepflegten Kernobstanlagen der Fall.

Fruchtkuchen

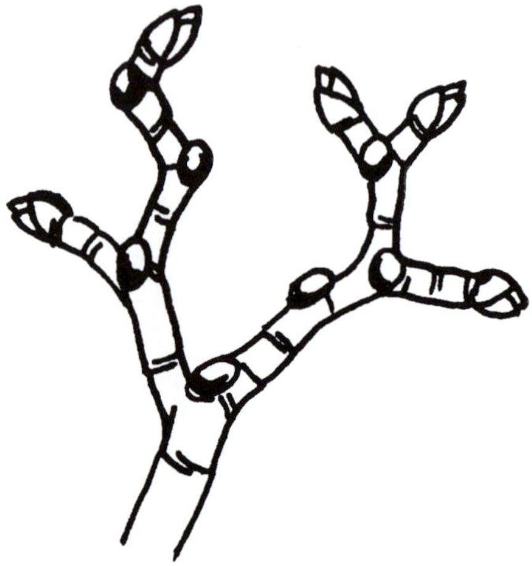

Quirlholz

Ist an Kernobstbäumen nur mehr ***altes Quirlholz*** *vorhanden, so werden solche Bäume meist nur jedes zweite Jahr Früchte bringen*

Altes, abgetragenes Fruchtholz. *Davon sind kaum noch gute Erträge zu erwarten*

Das Erkennen der Knospen

Das Erkennen der Knospen und das Wissen um ihre weitere Entwicklung – je nach Schnittmaßnahmen – sind weitere Voraussetzungen, um den Schnitt richtig durchführen zu können.

Nur aus der Endknospe eines einjährigen, unbeschnittenen Triebes hat sich ein Trieb entwickelt. Aus den dahinterliegenden Knospen haben sich ***Fruchtknospen*** *und z.T.* ***Übergangsknospen*** *(kleiner und spitzer) gebildet*

Die Knospenarten

Grundsätzlich unterscheidet man folgende Knospenarten:

Die **End- oder Terminalknospe** eines Triebes ist meist kräftig entwickelt und treibt, wenn sie eine Holzknospe ist, kräftig durch. An Kurztrieben kann die Terminalknospe jedoch auch eine Fruchtknospe sein.

Aus den Seitenknospen eines Triebes entwickeln sich, je nach Lage und Behandlung (Rückschnitt oder nicht), Triebe, Blätter und auch Fruchtknospen.

Frucht- bzw. Blütenknospen bringen Blüten hervor (beim Apfel 5 Blüten aus einer Knospe). Sie sind rund und wesentlich größer als **Holz- und Blattknospen.**

Schlafende Augen sind sogenannte meist unsichtbare Reserveknospen, die erst durchtreiben, wenn die starken Knospen durch irgendwelche Umstände verlorengegangen sind (Frost, Rückschnitt bis ins alte Holz, Abwerfen der Krone für eine Umveredelung usw.).

Übergangsknospen können von Fruchtknospen oft schwer unterschieden werden, sie sind jedoch nicht so dick und etwas kürzer. Sie entwickeln sich bei optimalen Wachstumsverhältnissen meist zu Fruchtknospen.

Gemischte Knospen sind beim Steinobst vorzufinden. Neben der Blattknospe befinden sich eine bis mehrere Fruchtknospen.

Ein einjähriger Pfirsichtrieb mit den sogenannten ***„Doppelknospen".*** *Zwischen den beiden Fruchtknospen befindet sich eine Blattknospe*

Bukettriebe bei Kirschen. *In der Mitte mehrerer Blütenknospen befindet sich eine Blatt- bzw. Holzknospe, die wiederum eine Rosette mit Blütenknospen bildet. Diese Bukettriebe sterben allerdings mit zunehmendem Alter ab*

UNTERSCHIEDLICHE SCHNITTMASSNAHMEN BEI DEN EINZELNEN OBSTARTEN AUFGRUND VERSCHIEDENER TRIEB- UND KNOSPENBILDUNG

Die einjährigen Triebe sind, je nach Obstart, mit verschiedenen Knospen besetzt. Dies muß besonders beim Schnitt berücksichtigt werden.

DER SCHNITT DES KERNOBSTES

Beim Kernobst weisen einjährige Langtriebe keine Fruchtknospen auf. Erst wenn einjährige Triebe lang belassen bleiben (nicht zurückgeschnitten werden), bilden sich dort sogenannte „Fruchtsprossen" mit Blütenknospen, die im darauffolgenden Jahr fruchten *(siehe Seite 52, Bild oben)*.

Es wäre daher falsch, beim Kernobst viele einjährige Triebe anzuschneiden, da dadurch nur eine übermäßige Trieb- bzw. Holzproduktion hervorgerufen und die Fruchtknospenbildung praktisch verhindert werden würde.

Hingegen sind beim Steinobst – Pfirsiche, Marillen, z.T. bei Zwetschken und, ganz ausgeprägt und auf den ersten Blick erkennbar, bei Weichseln – bereits an einjährigen Trieben, und nur an diesen, Fruchtknospen vorhanden.

Es ist daher bei diesen Obstarten notwendig, durch den Rückschnitt auch einjähriger Triebe, die bereits mit Fruchtknospen besetzt sind, für einen ausreichenden, jährlichen Zuwachs zu sorgen *(siehe Kapitel „Schnitt des Steinobstes", Seite 57)*.

Der Schnitt älterer Obstbäume

Im bäuerlichen Alt-, aber auch Siedlerobstbau findet man häufig Bäume vor, welche über längere Zeit nicht oder falsch geschnitten wurden. Ein kräftiger Auslichtungs- oder auch Rückschnitt an solch verdichteten oder zu weit ausladenden Kronen erfolgt in der Vegetationsruhe, und zwar dann, wenn ein starker Fruchtknospenansatz vorhanden ist.

Man versucht, vor dem Schnitt Leitäste festzustellen. Dies wird nicht immer einfach sein, da die ursprünglichen Leitäste an solchen Bäumen meist zurückgeblieben sind und andere, steilstehende Äste die Führung übernommen haben.

Hat man die drei oder vier Leitäste festgestellt, deren äußerstes Ende alle die

Unbeschnittener Jahrestrieb (Apfel). Hier hat nur die Endknospe durchgetrieben, alle übrigen Knospen wurden zu Fruchtknospen (a = Jungtrieb, b = schöne Fruchtknospen am zweijährigen Holz)

Das ständige Einkürzen von allen einjährigen Trieben fördert ein übermäßiges Triebwachstum und verhindert beim Kernobst die Fruchtknospenbildung am jungen Holz. Auch wurden an diesem Baum zu viele Triebe belassen und falsch gebunden. Am Bogen entwickeln sich zusätzlich Jahrestriebe

gleiche Höhe haben sollten (dies kann durch das Absetzen zu langer Äste auf die richtige Höhe erreicht werden), wird der Auslichtungsschnitt durchgeführt. Dabei werden in erster Linie starke Äste, welche die Krone verdichten, ganz herausgeschnitten. Oft wird schon durch die Entfernung einiger größerer Äste die Krone aufgelockert und gut belichtet.

Ein „Zurückstutzen" oder Herausschneiden vieler kleiner Äste sowie ein starker Schnitt in Jahren ohne Fruchtknospenansatz führen zu einer starken Triebbildung und einer noch stärkeren Verdichtung.

Bei stark verdichteten Kronen ist es zweckmäßig, die notwendigen Schnittmaßnahmen auf mehrere Jahre aufzuteilen. Beim ersten Schnitt werden größere, zu dicht stehende Äste entfernt. Sollte in diesem Jahr ein ausgiebiger Fruchtknospenansatz vorhanden sein, so kann man gleichzeitig mit der Fruchtholzverjüngung beginnen. Dabei wird altes Fruchtholz (Quirlholz) auch im Inneren der Krone teilweise zurückgeschnitten bzw. ganz entfernt *(siehe Abbildung Seite 45)*. Ist jedoch nur ein geringer oder fast kein Fruchtknospenansatz anzutreffen, so wartet man mit dem Fruchtholz-Verjüngungsschnitt (= Rotationsschnitt) bis zum nächsten Jahr.

Ein „Zurückstutzen" vieler kleiner Äste führt zu einer starken Verdichtung der Krone

Vor dem Auslichtungsschnitt einer Pyramidenkrone
Feststellen der Leitäste:
a = Mittelast
b = Leitäste
Zu steil und zu dicht stehende Äste werden herausgeschnitten, verbleibende Fruchtäste sollten nach Möglichkeit eine eher waagrechte Stellung einnehmen

Nach dem Auslichtungsschnitt
Die ausgesuchten Leitäste wurden bevorzugt behandelt; dabei wurde getrachtet, daß sie die gleiche Höhe (Saftwaage) einnehmen.
Die eher waagrecht verlaufenden Fruchtäste sollten nach dem Auslichtungsschnitt genügend besonnt werden können (ausreichende Assimilation zur besseren Fruchtentwicklung)

Ein kräftiger, vor allem früher Winterschnitt fördert das Triebwachstum, und es entstehen meist mehr Triebe, die zu dicht stehen und daher nicht als Fruchttriebe gebraucht werden. Vor allem kräftige und senkrecht verlaufende Triebe müssen unbedingt in Zuge des Sommerschnitts entfernt werden. Ein Zuwarten bis zum nächsten Winterschnitt würde wieder einen oft unerwünschten, zu starken Triebzuwachs hervorrufen.

An solchen Bäumen ist es zweckmäßig, den Schnitt auf mehrere Jahre aufzuteilen. Als erstes werden die zu dicht und zu steil stehenden Äste an der Basis herausgeschnitten. Nach und nach erfolgt der „Feinschnitt" bis hin zum Fruchtholzschnitt

Radikale Verjüngung des Kronengerüstes älterer Bäume

Eine Verjüngung kann verhältnismäßig frühzeitig notwendig sein. Es ist dies dann der Fall, wenn der Aufbau der Krone – wie beschrieben – nicht richtig durchgeführt wurde bzw. der Schnitt zur Gänze unterblieben ist. Die Leitäste solcher Bäume sind sehr weit ausladend und nicht in der Lage, auch nur eine geringe Fruchtlast ohne Schädigung zu tragen *(siehe Abbildung Seite 42)*.

Ein radikaler Verjüngungsschnitt alter Kronen muß allerdings gut überlegt werden. Er ist nur dann sinnvoll, wenn der Stamm sowie die Leit- und Fruchtäste vollkommen gesund sind. Vor dem eigentlichen Verjüngungsschnitt ist die Krone ausreichend auszulichten. In der Folge sind die verbleibenden Leit- und Fruchtäste so einzukürzen, daß von der Schnittstelle ein Ast oder Trieb verbleibt, der in der Folge die Fortsetzung des ursprünglichen Astes übernimmt.

DER SCHNITT DES STEINOBSTES

Im Gegensatz zum Kernobst – bei dem einjährige Triebe keine Fruchtknospen aufweisen (Ausnahme: Terminalknospe an Kurztrieben) –, befinden sich beim Steinobst die Fruchtknospen an einjährigen Langtrieben und, je nach Art und Sorte, am kurzen Fruchtholz (Buketttriebe). Es ist daher darauf zu achten, daß durch richtige Schnittmaßnahmen jährlich ausreichend Jungtriebe gebildet werden. Daher müssen bei den meisten Steinobstarten auch viele Jahrestriebe angeschnitten werden, was beim Kernobst, wie ausführlich darauf hingewiesen, falsch wäre.

Pfirsich

Der Pfirsich fruchtet hauptsächlich an gut entwickelten Langtrieben. Die Seitenknospen eines solchen Triebes sind Knospendrillinge: die beiden äußeren sind Fruchtknospen, die mittlere ist eine Holzknospe. Diese Triebe nennt man die sogenannten „wahren Fruchttriebe".

*Ein **gut ausgebildeter Fruchttrieb,** der länger angeschnitten wird und an dem sich ausreichend Früchte entwickeln können. Durch den starken Rückschnitt des zweiten Triebes entstehen aus den verbleibenden Blattknospen wieder kräftige Fruchttriebe für das nächste Jahr. Dahinter ein Kurztrieb, der nur einzelne Blütenknospen aufweist (unwahrer Fruchttrieb)*

***Pfirsichbaum vor dem Schnitt.** Durch einen im Vorjahr richtig durchgeführten Rückschnitt vieler Jahrestriebe haben sich ausreichend Jungtriebe mit Fruchtknospen gebildet*

*Der gleiche **Pfirsichbaum nach dem Schnitt.** Wird ein Pfirsichbaum richtig und ausreichend geschnitten, kann jährlich mit einer guten und qualitativ hochwertigen Ernte gerechnet werden*

Werden Pfirsichbäume nicht ausreichend geschnitten, so findet man meist nur schwache Triebe vor. Diese haben seitlich nur einzelne Blütenknospen und nur am Triebende eine Holzknospe. Solche Triebe werden „falsche Fruchttriebe" genannt. Sie haben zu wenig Blattmasse für die Ernährung der Früchte; diese bleiben klein und unterentwickelt. Außerdem wird sich aus solchen Trieben kein „wahrer Fruchttrieb" entwickeln. Es ist daher am besten, solche schwachen Triebe zu entfernen. Die „wahren Fruchttriebe" werden, wie das Bild auf *Seite 57* zeigt, je nach Beschaffenheit angeschnitten.

Trotz eines kräftigen Rückschnitts der Fruchttriebe sind am Baum ausreichend Blüten vorhanden, die eine gute Ernte erwarten lassen.

Marille (Aprikose)

Sie trägt, wie der Pfirsich, auf einjährigen Langtrieben (sehr starke und lange einjährige Triebe weisen jedoch keine Fruchtknospen auf), aber auch an Kurz-

*Wird die **Fruchtholzverjüngung** regelmäßig durchgeführt, so bleibt der Baum auch im Inneren der Krone reichlich mit jungem Fruchtholz „garniert". Altes, ausgetragenes Fruchtholz muß auch bei **Marillen** – im Zuge der Fruchtholzverjüngung – rechtzeitig zurückgeschnitten werden. Nicht warten, bis es abstirbt!*

sprossen Früchte. Der Schnitt an Marillenbäumen sollte ebenfalls jährlich durchgeführt werden. Durch das Entfernen des alten, ausgetragenen Fruchtholzes – vor allem im Inneren der Krone – wird eine Trieberneuerung erreicht, an deren Stelle wieder junges Fruchtholz (einjährige Triebe) nachwächst. Mit dem Zurück- bzw. Herausschneiden des alten Fruchtholzes darf allerdings nicht so lange zugewartet werden, bis es abgestorben ist, denn dann ist an dessen Stelle mit keiner Neutriebbildung zu rechnen. Nicht oder zu wenig geschnittene Bäume, vor allem solche, an denen die Fruchtholzverjüngung im Inneren der Krone nicht durchgeführt wird, bringen kleinere Früchte und verkahlen sehr rasch.

Weichsel (Sauerkirsche)

Die am häufigsten angebauten Weichselsorten bilden den Fruchtertrag an einjährigen Langtrieben aus. Die Seitenknospen des Triebes sind meist allesamt Blütenknospen, nur die Terminalknospe ist eine Holzknospe, aus der wieder ein Neutrieb (Fruchttrieb) für das kommende Jahr entsteht. Die abgetragenen zweijährigen Triebe sind bereits kahl und bilden keine Fruchtknospen aus. Nur an Trieben, die im Vorjahr gewachsen sind (einjährige Triebe), wird es im folgenden Jahr Früchte geben. Wird zu wenig oder gar nicht geschnitten, so wird der Zuwachs aus der Terminalknospe immer kürzer; dahinter liegend bilden sich weder eine Fruchtknospe noch ein Neutrieb, und es entstehen die sogenannten meterlangen „Peitschentriebe", die nur am äußeren Ende einen kurzen Neutrieb mit einigen Fruchtknospen aufweisen. Ein stärkerer Rückschnitt für die jährliche Neutriebbildung ist daher erforderlich.

Allerdings gibt es auch Weichselsorten mit aufrechtem Wuchs und nicht sosehr verkahlenden zwei- und dreijährigen Trieben, an denen sich auch Buketttriebe bilden. Zu dieser Art gehört u.a. die Sorte Köröser Weichsel.

Süßkirsche

Bei der Süßkirsche befindet sich der Großteil der Blütenknospen an den Bukettrieben, die am zweijährigen und auch älteren Holz reichlich zu finden

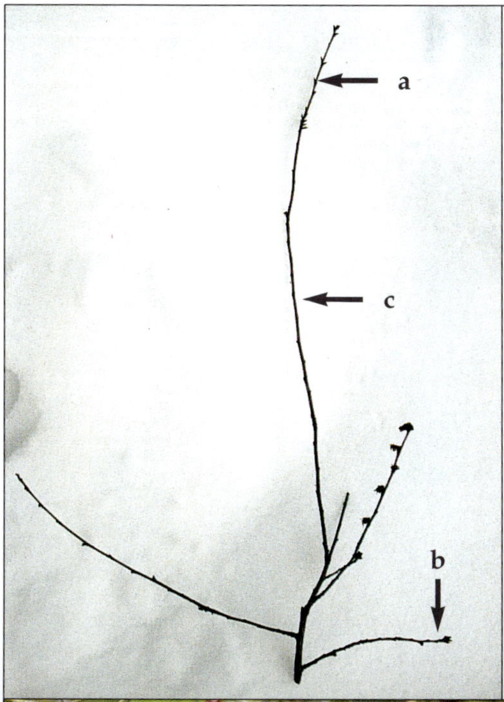

An diesem Weichselast befindet sich nur mehr am äußeren Ende ein einjähriger Kurztrieb (a) und ein Buketttrieb (b). Nur an diesen beiden Kurztrieben gibt es noch einige Früchte. Dahinterliegend (c) ist alles kahl, und es wird sich ohne Rückschnitt kein kräftiger Fruchttrieb mehr bilden

Werden ausgetragene Triebe regelmäßig zurückgenommen und teilweise auch einjährige Triebe eingekürzt, so kann jährlich mit guten Erträgen und einem Triebzuwachs, der wieder ein Fruchttrieb für das nächste Jahr ist, gerechnet werden

*Gut ausgebildete **Bukettriebe** an einem zweijährigen Kirschtrieb*

__Fruchtknospen__ an der Basis von einjährigen Kurztrieben bei Kirschen

Fruchtspieße *am zweijährigen Holz bei Zwetschken*

Zwetschke: *Die Früchte entwickeln sich an den kurzen Fruchtspießen*

sind. Es sind dies Kurztriebe, an denen die Blütenknospen rosettenartig angeordnet sind und in der Mitte jeweils eine Blattknospe sitzt. Diese wächst jedes Jahr ein kleines Stück weiter und bildet wieder einen Buketttrieb.

Mit zunehmendem Alter werden die Buketttriebe allerdings immer schwächer und sterben, vor allem im Inneren der Krone, nach einer gewissen Zeit ab.

An den einjährigen Langtrieben befinden sich meist nur Blattknospen, doch können an nicht allzu kräftigen Trieben an der Basis auch Fruchtknospen vorkommen.

Aufgabe muß es daher auch bei dieser Obstart sein, für eine jährliche Neutriebbildung zu sorgen. Dies geschieht durch Einkürzen des schon etwas veralterten Fruchtholzes. Ein kräftiger Rück- oder Auslichtungsschnitt im Sommer, zur Zeit der Ernte, wird von den Bäumen besser vertragen als ein starker Winterschnitt.

Zwetschke

Zwetschken, Pflaumen und Renekloden tragen, je nach Sorte, mehr an Kurztrieben, die sich vom zwei- und mehrjährigen Holz entwickeln.

Die vielfach noch herrschende Meinung, Zwetschken brauche man nicht zu schneiden, sie „putzen sich selber", ist nicht richtig, da ohne Schnitt Fruchtholz, ja ganze Fruchtäste absterben, wodurch der Ertrag sinkt. Außerdem ist die Fruchtqualität am veralterten Fruchtholz schlechter. Der Fruchtholzschnitt kann wie beim Kernobst durchgeführt werden.

DER SCHNITT DER NUSSBÄUME

Nußbäume, die dem Fruchtertrag dienen, bedürfen ebenfalls eines lockeren Kronenaufbaus. Sie werden als Pyramidenkrone mit einem Mittelast und maximal drei Leitästen erzogen.

Ein Rückschnitt der Leittriebe (Leitäste) ist beim Aufbau der Krone meist nicht erforderlich – es sei denn, daß das gleichmäßige Wachstum (Einhaltung der Saftwaage) nicht gegeben ist. Ein Auslichtungsschnitt älterer Kronen ist ebenfalls erforderlich, damit sich zur besseren Fruchtbarkeit Jungtriebe bilden können.

Der Herbst, wenn die Nüsse reif sind, ist dafür der beste Zeitpunkt. Nun können auch große Äste herausgeschnitten werden, ohne daß die Wunden bluten. Auch ihr Verheilen geht in relativ kurzer Zeit vor sich.

*Auch **Nußbäume** sollten geschnitten werden, damit die Krone aufgelockert wird und sich auch in deren Innerem Fruchtholz bildet*

DER SCHNITT DES BEERENOBSTES

Beerenobst wird für gewöhnlich nach der Ernte im Sommer geschnitten. Der Schnitt kann aber auch im Frühjahr nachgeholt werden.

Schwarze Ribisel (Johannisbeere)

Diese Obstart wird als Strauch (Busch) erzogen und verjüngt sich vom Boden aus durch Neutriebe.

Man trachte, bereits von der Baumschule kräftige, drei- bis fünftriebige Jungpflanzen zu erhalten. Diese werden so tief gepflanzt, daß sich die Ansatzstelle der Jungtriebe noch unter der Erde befindet. Die Triebe werden nur beim Pflanzschnitt etwa um die Hälfte eingekürzt. Durch diesen Rückschnitt wird die Pflanze zur Neutriebbildung aus dem Boden angeregt.

Jährlich sollten wenigstens drei bis fünf Triebe zuwachsen. Sind es mehr, so können die schwächeren bereits im krautigen Zustand entfernt werden, wodurch ein kräftigeres Wachstum der verbleibenden Triebe gewährleistet ist.

*Strauch der **Schwarzen Ribisel** nach richtig durchgeführtem Schnitt mit 1-, 2- und 3jährigen Trieben*

Hat der Stock nach einigen Jahren zehn bis zwölf Triebe (Äste) erreicht – mehr sollten nicht belassen werden –, so ist der weitere Schnitt sehr einfach. Die Äste teilen sich zu je einem Drittel in drei-, zwei- und einjährige Triebe auf. Die älteren, abgetragenen werden nach – oder auch mit – der Ernte zur Gänze am Boden herausgeschnitten. Als Ersatz beläßt man, wie bereits erwähnt, drei oder vier Jungtriebe.

Rote und Weiße Ribisel (Johannisbeere)

Die Rote und Weiße Ribisel können sowohl als Busch als auch in

*Auch bei **Roten Ribiseln** ist für eine Verjüngung und für aufgelockerte Büsche zu sorgen, damit es zu einer guten Fruchtentwicklung kommt*

Heckenform erzogen werden. Gerüstäste müssen nicht, wie bei der Schwarzen Ribisel, schon nach drei Jahren entfernt werden. Die meisten roten Sorten bringen am älteren Holz noch schöne Erträge. Voraussetzung ist allerdings, daß man durch Anschneiden und Absetzen an den Gerüstästen junges Fruchtholz erzielt. Freilich müssen auch bei dieser Obstart rechtzeitig junge Ersatztriebe vom Boden her nachgezogen werden, will man die Hecke oder den Strauch lange Jahre ertragreich erhalten und schöne Früchte ernten.

An Sorten, die sich von Natur aus schlecht verzweigen, ist ein Rückschnitt einjähriger Triebe zur Bildung von Seitentrieben erforderlich.

Der Schnitt wird zur Zeit der Ernte oder kurz danach durchgeführt. Sollte dies versäumt worden sein, kann man ihn zum Winterausgang nachholen. Dies gilt auch für die Schwarze Ribisel.

Himbeere

Bei den Himbeeren unterscheidet man zwischen ein- und zweimaltragenden Sorten. Beide Sorten werden nach der letzten Ernte sofort geschnitten. Dabei entfernt man alle abgetragenen Ruten so tief als möglich am Boden. Es dürfen keine Stummel verbleiben, da diese leicht zu Infektionen (Rutenkrankheit) führen könnten. Im selben Arbeitsgang werden auch die Jungruten auf die entsprechende Anzahl reduziert, wobei immer die schwachen, gebogenen oder geknickten entfernt werden. Pro Laufmeter beläßt man am einfachen Drahtgerüst 6–8 gut entwickelte Ruten, die an den Gerüstdrähten möglichst in senkrechter Stellung angebunden werden.

Eine zweite, sehr brauchbare Erziehungsform für Himbeeren, aber auch Brombeeren wäre die am Südoldenburger V-Gerüst. Bei der Gegenüberstellung beider Erziehungsformen konnte festgestellt werden, daß die Ernte am V-Gerüst einfacher durchzuführen ist, da die Jungtriebe in der Mitte des

*Auch **Himbeerruten** dürfen nicht zu dicht stehen und sollten an einem Drahtgerüst Halt finden*

*Das **V-Gerüst** ist eine sehr lohnende Erziehungsform für Himbeeren, aber auch Brombeeren*

Gerüstes hochwachsen und die links und rechts am Gerüstdraht angebundenen, tragenden Triebe eher frei stehen. Außerdem können am V-Gerüst je Laufmeter doppelt so viel Ruten vorhanden sein.

Überlange Ruten werden auf etwa zwei Meter zurückgeschnitten, dies jedoch erst im Frühjahr. Alle übrigen Ruten bleiben unbeschnitten. Ein Einkürzen aller Ruten würde den Ertrag mindern.

Brombeere

Von unseren heimischen Obstarten ist das Holz der Brombeere am ehesten frostanfällig. Dies muß für den Zeitpunkt des Schnittes berücksichtigt werden. In Gebieten bzw. Lagen, in denen stärkere Winterfröste auftreten, verlegt man ihn eher auf das Frühjahr, etwa März, wenn die strengsten Fröste vorbei sind. Der Sommerschnitt beschränkt sich in diesem Fall auf das Entfernen der abgetragenen Triebe sowie der überzähligen, zu dicht stehenden Jung- und Geiztriebe, die für den Fruchtertrag des kommenden Jahres nicht gebraucht werden.

Ob der gesamte Schnitt im Sommer nach der Ernte (in günstigen Lagen) oder erst im Frühjahr durchgeführt wird – in beiden Fällen ist darauf zu achten, daß die Hecke nicht zu dicht wird. Nebst dem Herausschneiden aller ausgetragenen (alten) Ruten werden auch die zu dicht stehenden Jungruten entfernt. Es

*Bei **Brombeeren** ist das gesamte abgetragene Holz am Boden zu entfernen. An den verbleibenden jungen Trieben sind die vorzeitigen Triebe einzukürzen*

genügen drei bis vier gut entwickelte Triebe pro Pflanze. Die sogenannten „vorzeitigen" Triebe, die sich aus den Blattachseln entwickeln, werden auf zwei bis vier Blätter (Sommerschnitt) bzw. Augen (Frühjahrsschnitt) zurückgeschnitten. Abschließend sei noch vermerkt, daß vor dem Auspflanzen der Brombeerstöcke ein entsprechendes Gerüst erstellt werden muß, an dem die oft über vier Meter langen Ranken (tragenden Triebe) befestigt werden können. Daraus ergibt sich auch, daß bei der Auspflanzung ein genügend weiter Pflanzabstand eingehalten werden muß.

Stachelbeere

Von den Baumschulen wird das Pflanzmaterial meist in Stammform, aber auch als Strauch angeboten. Der Pflanzschnitt beim Strauch erfolgt in der Form, daß die vorhandenen Triebe auf 20 bis 30 cm eingekürzt werden, wodurch sich in

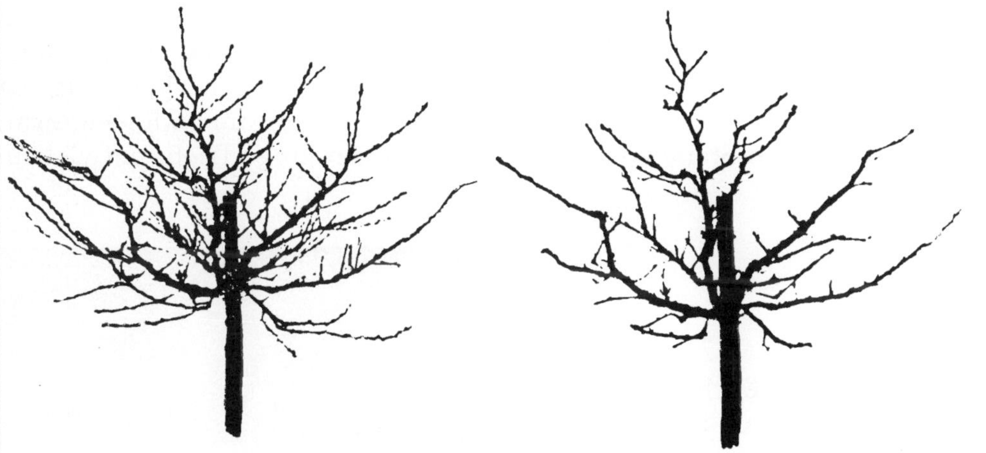

***Stachelbeerstammform** vor und nach dem Schnitt*

den folgenden Jahren weitere Jungtriebe vom Boden her entwickeln. Ein fertiger Strauch sollte jedoch nicht mehr als sechs oder sieben starke Triebe (Leittriebe) aufweisen, an denen sich ausreichend Seitentriebe (Fruchttriebe) befinden. Dies erreicht man durch ein leichtes Einkürzen der Verlängerungstriebe. Soll die Fruchtqualität gesteigert werden, so schneide man die Seitentriebe, je nach vorhandenen Freiräumen, auf 3–6 Augen zurück. Ältere Leittriebe werden von Zeit zu Zeit am Boden entfernt und an deren Stelle wieder Jungtriebe herangezogen.

Bei Stammformen wird die Krone mit 4 oder 5 Trieben, einem Mitteltrieb (Stammverlängerung) und 3 oder 4 Leittrieben aufgebaut. Letztere werden alljährlich ein wenig eingekürzt. Der weitere Fruchtholzschnitt erfolgt wie bei der Strauchform, indem Seitentriebe eingekürzt werden. Buketttriebe sind Kurztriebe und werden nicht geschnitten.

Der Schnitt erfolgt am besten gleich nach der Ernte.

Kulturheidelbeere

Sie ist eine relativ junge Obstart, die nur auf sauren Böden erfolgreich gezüchtet werden kann. Kulturheidelbeeren werden, wie Ribiseln, als

Strauch gezogen. Die Triebanzahl pro Strauch wird allerdings geringer gehalten als bei Ribiseln. Stärkere (längere) Triebe werden eingekürzt, um die Seitentriebbildung, die ja die eigentlichen Fruchttriebe sind, zu fördern. Ausgetragenes Fruchtholz wird auf eine jüngere Verzweigung zurückgesetzt; alte 4–5jährige Fruchtäste werden ganz am Boden entfernt, damit sich an ihrer Stelle von der Basis her wieder junge Triebe entwickeln können.

Holunder

Er blüht ausschließlich am einjährigen Holz. Der Schnitt ist relativ einfach durchzuführen, denn man braucht nur für eine ständige Erneuerung des Fruchtholzes, das sind kräftige Neutriebe, zu sorgen. Um dies zu erreichen, werden die abgetragenen, bogenförmigen Äste entfernt. Aus der Kronenbasis treiben dadurch wieder zahlreiche Jungtriebe, die je nach Größe des Busches (Baumes) auf die gewünschte Anzahl reduziert werden. Die kräftigsten Jungtriebe sollten dabei als Fruchttriebe erhalten bleiben.

Der Schnitt erfolgt zum Winterausgang.

Lockere Krone eines ***Holunderbäumchens*** *mit kräftigen Jahrestrieben*

Kiwi

In manchen Hausgärten wurden und werden auch Kiwi gepflanzt. Da es sich um eine Schlingpflanze handelt, eignet sich diese sehr gut zur Bepflanzung einer Pergola oder als Spalier an Wänden und Mauern.

Gleichgültig, welche Form gewählt wird, in jedem Fall sind eine entsprechende Erziehung und ein richtiger Schnitt notwendig. Auch hier sind Leittriebe (Leitäste) zu formieren, an denen sich durch rechtzeitigen Rückschnitt Fruchttriebe entwickeln.

Der Schnitt sowie dessen Zeitpunkt ist ähnlich wie bei Weinreben. Der Winterschnitt sollte erst nach den stärksten Frösten, etwa Ende Februar, jedoch nicht zu spät durchgeführt werden. Ein zu später Schnitt würde ein starkes „Bluten" (Saftaustritt an den Schnittstellen) hervorrufen. Beim Schnitt selbst ist darauf zu achten, daß ausreichend Fruchtholz vorhanden ist. Dies sind einjährige Triebe, aus denen sich Neutriebe entwickeln, die eigentlich die fruchttragenden Triebe darstellen. Diese schneidet man dann beim nächsten Winterschnitt auf zwei bis drei gesunde Augen zurück, woraus sich wieder fruchttragende Triebe bilden. Nach einigen Jahren sollte jedoch auf einen dahinter liegenden Jahrestrieb verjüngt werden.

Im Zuge des Sommerschnittes, der im August durchgeführt werden sollte, ist darauf zu achten, daß ein lockerer Aufbau erhalten bleibt. Überflüssige Triebe, die nicht als Fruchttriebe benötigt werden, können großteils entfernt oder auf 20–40 cm eingekürzt werden. Verbleibende Fruchttriebe werden in die gewünschte Lage gebunden.

DER SOMMERSCHNITT (GRÜNSCHNITT)

Er ist eine unbedingt notwendige Ergänzung zum Winterschnitt. Vor allem Bäume, die einem kräftigen Winterschnitt unterzogen wurden, treiben in der Folge stark durch. Meist bilden sich wesentlich mehr Jungtriebe, als für einen weiteren Kronenaufbau und zur Fruchtholzbildung benötigt werden. Besonders die senkrecht stehenden und daher auch stark wachsenden Triebe beschatten die Krone sehr stark, was bei tragenden Bäumen zu einem Qualitätsverlust der Früchte führt. Außerdem kann durch das Herstellen eines richtigen Blatt-Frucht-Verhältnissses das Auftreten der **Stippigkeit** (punktförmige Fruchtfleischverfärbungen) an den Früchten vermindert werden.

An Jungbäumen werden im ersten und zweiten Standjahr allerdings nur kleine Korrekturen, wie das Entspitzen von Konkurrenztrieben, vorgenommen. Mehr gesundes Laub in den ersten Standjahren fördert das Wachstum der Jungbäume, was vor allem bei größeren Baumformen (Pyramiden- und Hohlkronen) erwünscht ist.

Mit kleinen Korrekturen (Freistellen der Leittriebe) kann gleich nach dem Austrieb begonnen werden. Der eigentliche Sommerschnitt erfolgt nach Abschluß des stärksten Triebwachstums. Dies wird, je nach Witterung, Ende Juli bis Ende August sein. Dabei werden alle überflüssigen Jahrestriebe, die zu dicht stehen und als künftiges Fruchtholz nicht gebraucht werden, entfernt; ebenso zwei- bis dreijährige dünne Fruchttriebe, die nur eine beschränkte Fruchtentwicklung zulassen. Besonders an starkwüchsigen Bäumen können durch einen kräftigen Sommerschnitt die Wuchskraft gebremst und die Fruchtknospenbildung bzw. der Ertrag gefördert werden. Ein zu früh durchgeführter Grünschnitt vermag allerdings das Gegenteil zu bewirken. Es kann dadurch zum Durchtreiben verschiedener Knospen bis hin zum Aufblühen von Fruchtknospen im Herbst kommen. Dies würde den Ertrag für das kommende Jahr schmälern.

Im Zuge der Sommerbehandlung ist auch das Formieren der Triebe und Äste zweckmäßig. Dabei werden einjährige Triebe, die für einen weiteren Kronenaufbau nicht benötigt werden, als Fruchtbögen – für eine kurzzeitige Fruchtbelastung – tiefgebunden. Daraus wird jedoch nie ein Fruchtast. Sie werden, nachdem sie getragen haben, wieder entfernt.

Der Sommerschnitt kann bzw. sollte bei allen Obstarten durchgeführt werden. Gewisse Unterschiede sind jedoch zu berücksichtigen. Beim Kernobst werden im Zuge des Sommerschnittes vorwiegend diesjährige, aber auch fruchtleere hängende Triebe, die ungünstig stehen und als künftiges Fruchtholz nicht gebraucht werden, entfernt.

Auch an älteren Bäumen läßt sich nach einem starken Winterschnitt (Bild Seite 56) *eine kräftige Triebentwicklung feststellen. Hier muß unbedingt ein* ***Sommerschnitt*** *durchgeführt werden*

Nach dem Sommerschnitt

*Apfelbaum im vierten Standjahr **vor** und **nach** dem **Sommerschnitt***

*Ein im Bogen falsch und nicht zur richtigen Zeit gebundener, starker Trieb. Hier kommt die Oberseitenförderung zum Tragen und bringt unerwünschte Beschattung. Solche Triebe werden am besten im Zuge des **Sommerschnitts** entfernt*

Tiefgebundene, einjährige Triebe,
die nur vorübergehend als Fruchtbögen dienen

Ein im Vorjahr ***tiefgebundener Trieb*** *mit reichlichem Blütenansatz*

Bei **Kirschen** hingegen wird an Ertragsbäumen der gesamte Schnitt im Sommer (zur Zeit der Ernte) durchgeführt, wobei, wenn notwendig, auch große Äste entfernt werden können. Außerdem kann durch einen „Nur-Sommerschnitt“ das artbedingte starke Wachstum etwas gebremst werden.

Auch bei **Sauerkirschbäumen** (Weichsel) hat sich der Schnitt nach der Ernte sehr gut bewährt. Besonders an Sorten, die zur Peitschentriebbildung neigen, sollten die über lange Strecken blattlosen Triebe weg- oder auf Jungtriebe abgesetzt werden. Auch werden Triebe und Äste, die von der Zweigmonilia befallen sind, besser schon im Sommer entfernt. Bei sehr veralteten Bäumen (lange Kahlstellen) wird ein Verjüngungsschnitt zu Winterausgang durchgeführt.

Pfirsichbäume sind im Sommer (Juli) auszulichten. Dabei werden alle zu dicht stehenden Triebe, vor allem die senkrecht wachsenden Wasserschosse mit vorzeitigen Trieben, welche die Krone stark verdichten, herausgeschnitten.

Alle **Beerenobstarten** werden in der Regel nach der Ernte geschnitten (siehe *„Der Schnitt des Beerenobstes“, Seite 66)*. Sollte der Schnitt im Sommer unterblieben sein, ist er im Frühjahr nachzuholen.

Nußbäume werden von August bis Ende Oktober ausgelichtet oder zurückgeschnitten.

Hinweise auf die Sommerarbeit bei Umveredelungen

Ganz wichtig ist die Sommerbehandlung an Umveredelungen, wobei mit dem Freistellen der Pfropfköpfe bald nach dem Austrieb begonnen wird. An der Unterlage treibt fast immer eine große Anzahl an „Schlafenden Augen“ durch und entwickelt eine Unzahl von Trieben, die eine Konkurrenz für die Edelreiser darstellen und deren Wachstum behindern. Man entferne daher die der Unterlage entspringenden Triebe, sobald diese eine Länge von 10–15 cm aufweisen.

Von der Veredelungsstelle aus gerechnet, werden an der Unterlage, auf eine Länge von 40–50 cm, alle Jungtriebe weggeschnitten oder einfach herausgerissen. Weiter dahinter liegende, vor allem flachwachsende Triebe können in gewissen Abständen (50–70 cm) verbleiben und später ebenfalls veredelt und als Fruchttriebe oder Fruchtäste gezogen werden. Dadurch können längere Kahlstellen an stärkeren Ästen mit Fruchtholz „garniert“ werden.

Wichtig dabei ist, daß diese Triebe von der Ansatzstelle weg waagrecht verlaufen und nicht einen Bogen bilden. Will man an den Leitästen kräftige Fruchtäste erzielen, ist es allerdings besser, die Triebe vorerst in ihrer Stellung zu belassen und erst im darauffolgenden Jahr als zweijährige Äste zu formieren.

DIE FRUCHTAUSDÜNNUNG

Eine überaus wichtige und sehr lohnende Arbeit ist die Fruchtausdünnung. Damit können die Alternanz (Wechsel von Trag- und Rastjahren) verhindert bzw. gebrochen und die Fruchtqualität erhöht werden. Damit sich der Erfolg einstellt, muß diese Arbeit rechtzeitig durchgeführt werden, und zwar spätestens, wenn die Früchte (Apfel) einen Durchmesser von 10–15 mm aufweisen. Durch zeitgerechtes und richtiges Dünnen können a) die Fruchtqualität bedeutend verbessert und b) jährliche Ernten erzielt werden. Will man dies erreichen, so ist ein richtiges Blatt-Frucht-Verhältnis herzustellen. Für eine Frucht sollten 15–30 gesunde Blätter vorhanden sein. Das engere Blatt-Frucht-Verhältnis kann an den höheren Kronenteilen und sonnseitig gegeben sein. Auch ist die notwendige Blattanzahl bei den einzelnen Obstarten etwas unterschiedlich.

*Solch **überreich blühende Bäume** sind zwar sehr schön, werden jedoch ohne Fruchtausdünnung nicht die gewünschte Qualität bringen und überdies im darauffolgenden Jahr ohne Früchte sein*

Beim Kernobst ist zu beachten, daß die Blüten – und später die Früchte – immer aus Büscheln bestehen. Die Mittelblüte des Büschels blüht als erste auf.

Beim Ausdünnen sollte man so vorgehen, daß die Fruchtstiele am Büschel belassen werden, um die verbleibenden Früchte nicht zu schädigen. Die Frucht kann mit den Fingern abgedrückt oder mit einer Rebschere abgeschnitten werden.

Vielfach wird pro Blütenbüschel nur eine Frucht belassen. In manchen Fällen ist es jedoch besser, einige Fruchtbüschel ganz zu entfernen und dafür an den verbleibenden Büscheln zwei bis drei Früchte zu belassen. Die leeren Fruchtsprossen haben dadurch eher die Möglichkeit, Fruchtknospen für das kommende Jahr zu bilden.

Bei stärkerem Fruchtansatz zählt das Ausdünnen zu den unbedingt notwendigen Pflegemaßnahmen. Besonders bei Kernobst – Pfirsiche, Marillen –

Sehr reichlicher Blütenansatz.
Hier wird eine Fruchtausdünnung erforderlich sein, damit schöne, große Früchte geerntet werden können

Apfelblütenbüschel

Solche ***Fruchtbüschel*** *bringen nur mindere Qualität, da die Früchte nicht ausreichend ernährt werden können*

Eine ***locker aufgebaute Krone.*** *An den Leitästen wurden die Leitastfortsetzungen (Jahrestriebe) nicht eingekürzt, damit sich daran Fruchtknospen entwickeln können. Gleichzeitig wird damit das Höhenwachstum gebremst. Ausreichender Blütenansatz*

An jedem Fruchtbüschel wurde nur eine Frucht belassen

Die Hälfte der Fruchtbüschel wurde entfernt, dafür verbleiben an den übrigen zwei bis drei Früchte

ist dieser Arbeitsaufwand sehr lohnend. Aber auch an Zwetschken und Pflaumen, die, je nach Sorte, oft in Trauben zusammenhängen, wäre ein Ausdünnen zweckmäßig, da man dadurch eine bessere Fruchtqualität erreicht, aber auch stärkerem Moniliabefall entgegenwirken kann, der dadurch entsteht, wenn sich Früchte gegenseitig reiben und somit verletzen.

DER SCHNITT DER ZIERGEHÖLZE

Sollen bzw. müssen Ziergehölze überhaupt geschnitten werden? Ihre Vielfalt verlangt verschiedene Pflegemaßnahmen, vor allem auch, was den Schnitt betrifft. Je nach Art und Verwendung sind Ziergehölze verschieden oder überhaupt nicht zu schneiden.

Frei- bzw. einzelstehende Nadelgehölze entwickeln von Natur aus einen wunderschönen Wuchs und sollten daher nicht geschnitten werden. Eine Ausnahme bilden Nadelgehölze, die als Hecke Verwendung finden.

Immergrüne Laubgehölze werden nur einem gelegentlichen Auslichtungsschnitt unterzogen. Immergrüne Geißblätter oder Buchsbaum kann man durch Schnittmaßnahmen allerdings eine besondere Form geben.

ARTEN DES SCHNITTES

Der Pflanz- bzw. Aufbauschnitt

Eingangs sei erwähnt, daß alle laubabwerfenden Gehölze (Sträucher), die von der Baumschule ohne Erdballen geliefert werden, je nach Größe der Pflanze einem mehr oder weniger kräftigen Pflanzschnitt unterzogen werden müssen. Dabei werden eventuell vorhandene ältere und schwache Triebe an der Basis entfernt und die verbleibenden Triebe um ein Drittel bis zur Hälfte eingekürzt. Werden Pflanzen mit Erdballen geliefert, kann sich der Schnitt nur auf das Entfernen von beschädigten Trieben beschränken.

An obstverwandten Zierbäumen, wie Zierkirschen, Zieräpfeln usw., wird der Pflanz- und Aufbauschnitt ebenso durchgeführt wie bei den Obstbäumen. Nachdem ein entsprechendes Grundgerüst aufgebaut ist, können weitere Schnittmaßnahmen unterbleiben, und die Krone kann dichter sein als bei Obstbäumen.

Der Erhaltungsschnitt

Nicht bei allen Ziersträuchern ist ein jährlicher Erhaltungsschnitt notwendig. Er sollte nur regulierend eingreifen und die natürliche Wuchsform nicht unterbinden. Bei entsprechender Beobachtung des Wuchses kann festgestellt werden, ob und wie geschnitten werden soll.

Mit dem Erhaltungsschnitt soll erreicht werden, daß ein Altern möglichst lange hinausgezögert wird und daß bei Blütensträuchern ein möglichst reicher Blütenansatz erfolgt. Das Altern der Gehölze hängt von der jeweiligen Art ab.

Alle Gehölze, die auf den neuen, einjährigen Trieben blühen, können stark zurückgeschnitten werden. Ein kräftiger Rückschnitt führt zu vermehrtem Austrieb und damit zu reichem Blütenansatz.

Da es bei den einzelnen Sträuchern die unterschiedlichsten Sorten – auch was ihren Blühzeitpunkt betrifft – gibt, kommen in den nachstehenden Übersichten Überschneidungen und Mehrfachnennungen vor.

Blüte am einjährigen Holz	
Deutscher Name	**Botanischer Name**
Bleibusch	*Amorpha*
Sommerflieder (je nach Art)	*Buddleja*
Liebesperlenstrauch	*Callicarpa*
Besenheide	*Calluna vulgaris*
Scheineller	*Clethra*
Blasenstrauch	*Colutea*
Goldglöckchen (verschiedene Arten)	*Forsythia*
Ginster	*Genista*
Zaubernuß	*Hamamelis*
Eibisch	*Hibiscus*
Hortensie	*Hydrangea*
Johanniskraut	*Hypericum*
Buschklee	*Lespedeza*
Magnolie	*Magnolia*
Fünffingerstrauch	*Potentilla fruticosa*
Essigbaum	*Rhus typina*
Schneespiere	*Spiraea arguta*

Forsythie: *Viele einjährige Triebe garantieren einen starken Blütenbehang*

Gute Jungtriebbildung nach Rückschnitt einer **Weigelie**

Bei allen Gehölzen, die auf mehrjährigem Holz blühen, beschränkt sich der Schnitt auf ein Auslichten und Verjüngen im Abstand von einigen Jahren. Würden die Triebe allgemein in ihrer Länge eingekürzt, käme es damit zum Entfernen des größten Teils der Blütenknospen. Freilich kann es aus verschiedenen Gründen einmal notwendig werden, auch solche Gehölze zurückzuschneiden (zu hoch gewachsener Flieder). Allerdings muß man dann im folgenden Jahr auf die Blüte verzichten.

Blüte am mehrjährigen Holz	
Deutscher Name	**Botanischer Name**
Sommerflieder (je nach Art)	*Buddleja*
Felsenbirne	*Amelanchier*
Berberitze (verschiedene Arten)	*Berberis*
Japanische Scheinquitte	*Chaenomeles japonica*
Scheinhasel	*Corylopsis*
Perückenstrauch	*Cotinus*
Mispelstrauch (verschiedene Arten)	*Cotoneaster*
Rot- und Weißdorn (verschiedene Arten)	*Crataegus*
Ginster (verschiedene Arten)	*Cytisus*
Seidelbast	*Daphne*
Prachtglocke	*Enkianthus*
Goldglöckchen (verschiedene Arten)	*Forsythia*
Hortensie (verschiedene Arten)	*Hydrangea*
Jasmin	*Jasminum nudiflorum*
Goldregen (verschiedene Arten)	*Laburnum*
Heckenkirsche (verschiedene Arten)	*Lonicera*
Pfeifenstrauch (verschiedene Arten)	*Philadelphus*
Kirschlorbeer (verschiedene Arten)	*Prunus*
Feuerdorn (verschiedene Arten)	*Pyracantha*
Rhododendron (verschiedene Arten)	*Rhododendron*
Blutjohannisbeere	*Ribes*
Spierstrauch (verschiedene Arten)	*Spiraea*
Flieder (verschiedene Arten)	*Syringa*
Tamariske (verschiedene Arten)	*Tamarix*
Schneeball (verschiedene Arten)	*Viburnum*
Weigelie (verschiedene Arten)	*Weigelia*

Straucharten, die nach einigen Jahren aus dem Boden oder aus der Basis älterer Äste junge Triebe bilden, wie dies etwa bei Weigelia, Deutzia, Pfeifenstrauch und Forsythia der Fall ist, verjüngen sich z.T. selbst. Voraussetzung ist allerdings, daß die jungen Triebe genug Platz und ausreichend Belichtung für ihre Entwicklung vorfinden. Das heißt, daß beim Erhaltungsschnitt die älteren, nicht mehr sehr blühfähigen Äste am Boden oder an der Basis, wo sich die jungen Triebe entwickelt haben, herausgeschnitten werden.

Locker aufgebauter ***Schneeballstrauch***

Fliederstrauch *mit vielen einjährigen Trieben, an denen sich die schönsten Blüten bilden*

Bei nicht wenigen Straucharten, wie Pfeifenstrauch, Wildrose, Forsythia u.a., neigen sich mehrjährige ältere Triebe zu Boden, und es entstehen Bögen. Auf deren Oberseite entwickeln sich sodann junge Triebe; auch sie neigen sich nach einiger Zeit, und es kommt so zu einem etagenförmigen Aufbau und zum relativ raschen Verdichten des Strauches. Folgen sind ein schwacher Zuwachs sowie eine geringere Blüte. Der Erhaltungsschnitt muß bei diesen Straucharten schon einige Jahre nach der Pflanzung einsetzen.

Eine weitere Gruppe mit wieder anderer Wuchsart – dazu zählen etwa Ahornarten, Zaubernuß, Goldregen usw. – zeichnet sich ab einem gewissen Alter durch das fast völlige Fehlen von Neutrieben aus dem Boden oder aus dem stärkeren Holz aus. Diese werden daher nie dicht wie die zuvor angeführten Straucharten. Ein Erhaltungsschnitt beschränkt sich daher in den meisten Fällen nur auf ein leichtes Auslichten und Entfernen von kranken und abgestorbenen Trieben oder Ästen. Ein zu kräftiger Verjüngungsschnitt (Rückschnitt ins mehrjährige Holz) ist nicht empfehlenswert, da durch das Fehlen von sogenannten „Schlafenden Augen" sich Neutriebe nur sehr schwer entwickeln.

DER ZEITPUNKT DES SCHNITTES

Bezüglich des Schnittzeitpunktes der Ziersträucher ist grundsätzlich zu unterscheiden, ob es sich um Frühjahrs-, Sommer- oder Herbstblüher handelt.

Frühjahrsblüher

Sie haben ihre Blüten entlang oder an der Spitze der Vorjahrstriebe, daher dürfen diese nicht im Winter oder im frühen Frühjahr, vor der Blüte, geschnitten werden. Damit würde auch ein großer Teil der Blüten entfernt werden. Um jedoch einem Überaltern (Vergreisen) dieser Sträucher vorzubeugen und neue Triebe – für eine reiche Blüte im kommenden Jahr – zu erreichen, ist der Schnitt sofort nach der Blüte durchzuführen. Dabei werden die abgeblühten Triebe zurück- bzw. teilweise herausgeschnitten.

Deutscher Name	**Botanischer Name**
Japanische Scheinquitte	*Chaenomeles japonica*
Kornelkirsche	*Cornus mas*
Scheinhasel	*Corylopsis*
Zaubernuß	*Hamamelis*
Jasmin	*Jasminum*
Schneeball	*Viburnum*
Goldglöckchen	*Forsythia intermedia*
Blutpflaume	*Prunus cerasifera „Nigra"*
Zierpfirsich	*Prunus persica*
Mandelbäumchen	*Prunus triloba*
Blutjohannisbeere	*Ribes sanguineum*
Schneespiere	*Spiraea arguta*
Norwegische Spiere	*Spiraea cinerea*
Prachtspiere	*Spiraea van houttei*
Flieder	*Syringa*
Frühlings-Tamariske	*Tamarix parviflora*
Felsenbirne	*Amelanchier*
Berberitze	*Berberis*
Blasenstrauch	*Colutea*
Buntlaubiger Hartriegel	*Cornus alba*

Frühsommerblüher

Sie bilden ihre Blüten an kleinen Kurztrieben, die an den vorjährigen Trieben entstehen. Frühsommerblüher sind z.B. Pfeifenstrauch, Weigelie, Deutzie u.a. Wenn diese Sträucher zurückgeschnitten werden müssen, wäre es nach der Blüte dazu zu spät, und es würde im selben Jahr zu keiner ausreichenden Neutriebbildung kommen. Im Frühsommer blühende Sträucher verjüngt man am besten, indem man in der Vegetationsruhe (Spätherbst – Winterende) auf starke, jüngere Seitentriebe zurückschneidet oder alte Äste an der Basis entfernt.

Deutscher Name	**Botanischer Name**
Ginster	*Cytisus*
Maiblumenstrauch	*Deutzia*
Prachtglocke	*Enkianthus*
Berglorbeer	*Kalmia latifolia*
Gefüllter Ranunkelstrauch	*Kerria japonica*
Kolkwitzie	*Kolkwitzia amabilis*
Goldregen	*Laburnum*
Pfeifenstrauch	*Philadelphus*
Fünffingerstrauch	*Potentilla*
Feuerdorn	*Pyracantha*
Schneebeere	*Symphoricarpos*
Weigelie	*Weigelia*

Sommer- und herbstblühende Sträucher

Sie bilden ihre Blüten an der Spitze der diesjährigen Neutriebe (z.B. Sommerflieder) oder entlang der Triebe aus. Je kräftiger diese Triebe sind, desto vollkommener wird die Blüte sein. Kräftige Triebe erreicht man durch einen starken Rückschnitt im zeitigen Frühjahr.

Sommerblüher	
Deutscher Name	**Botanischer Name**
Perückenstrauch	*Cotinus coggygria*
Maiblumenstrauch (späte Sorten)	*Deutzia*
Ginster (späte Sorten)	*Genista*
Eibisch	*Hibiscus*
Hortensie	*Hydrangea*
Lorbeerrose	*Kalmia*
Liguster	*Ligustrum*
Himbeerstrauch	*Rubus*
Fiederspiere	*Sorbaria*
Amerikanische Spiere	*Spiraea menzieii*
Prachtspiere	*Spiraea van houttei*
Sommer-Tamariske	*Tamarix peutandra*
Weigelie (spät blühende)	*Weigelia*
Sommerflieder	*Buddleja*
Schönfrucht	*Callicarpa*
Herbstblüher	
Scheineller	*Clethra alnifolia*
Rispenhortensie	*Hydrangea paniculata*
Buschklee	*Lespedeza thunbergii*
Kirschlorbeer	*Prunus laurocerasus*
Roter Spierstrauch	*Spiraea bumalda*

DER ROSENSCHNITT

Die Rosen unterliegen ebenfalls, wie die anderen Ziergehölze, den Wuchsgesetzen, deren wichtigstes hier lautet: „Starker Rückschnitt bewirkt einen kräftigen Austrieb". Es muß aber beim Schneiden unter den einzelnen Rosenarten unterschieden werden.

Anhand der abgebildeten Zeichnungen werden der Schnitt und die darauffolgende Wuchsreaktion der Rosenstöcke dargestellt und erklärt.

Rückschnitt im Frühjahr

Der Zeichnung ist zu entnehmen, wie der Rückschnitt im Frühjahr durchzuführen ist. Es handelt sich hier um einen verhältnismäßig kräftig entwickelten Busch, der einem starken Rückschnitt unterworfen wurde. Er wird darauf wieder mit einem zahlreichen Austrieb, auch aus dem Stockbereich, reagieren. Man hätte vielleicht bei dieser Pflanze noch ein oder zwei Triebe mehr belassen können. Wichtig sind aber das insgesamt starke Einkürzen der verbleibenden Triebe, das Entfernen aller schwachen Triebe (unter Bleistiftstärke) und, soweit nötig, das Herausschneiden von altem, knorrigem Holz, aus dem ja ohnehin nichts mehr wird. Hier gehen viele Gartenfreunde etwas zu zaghaft vor und lassen zuviel altes Holz und vor allem schwache Triebe stehen. Die Höhe des Rückschnitts beträgt etwa 20 bis 40 cm. Wenn die Rosen stark zurückgefroren sind (meist bei Edelrosen), wird man noch tiefer schneiden müssen.

Die Entwicklung einer stark zurückgeschnittenen Rose

Die Abbildung *(Seite 92, oben)* zeigt, wie sich die oben stark zurückgeschnittene Rose im Laufe einer Vegetationsperiode entwickelt hat. Es ist gut zu er-

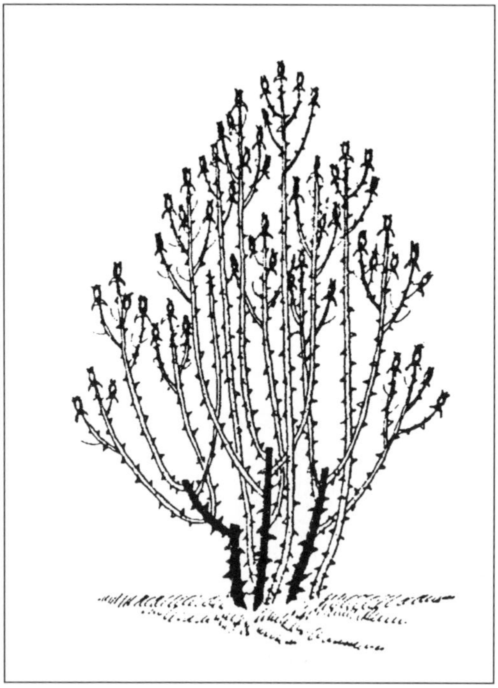

sehen, daß die Pflanze zahlreiche kräftige, lange Triebe gebildet hat, vor allem auch im untersten Bereich und aus dem Boden. Was die Blütenbildung betrifft, so bringen stark zurückgeschnittene Rosen längere Stiele und größere Blüten. Darauf wird man besonders bei Edelrosen, eventuell auch bei Floribundarosen Wert legen, also bei Rosen, von denen man Blüten für die Vase schneiden möchte. Zieht man überreiches Blühen vor, nimmt aber kleine Einzelblüten und kurze Stiele in Kauf, dann wird man die Triebe etwas länger belassen.

Entwicklung einer Rose nach schwachem Rückschnitt

Hier hat man die Triebe zu lang belassen. Die Folge ist ein allgemein schwacher Austrieb. Vor allem kommen im unteren Bereich und aus dem Boden nur schwache, dünne Triebe, die leicht erfrieren und nicht zum Aufbau einer Krone verwendet werden können.
Will man solche Rosen wieder „in Schwung bringen", bleibt nichts anderes übrig, als sie im nächsten Jahr stärker zurückzuschneiden, denn stärkerer Rückschnitt fördert einen kräftigen Austrieb.

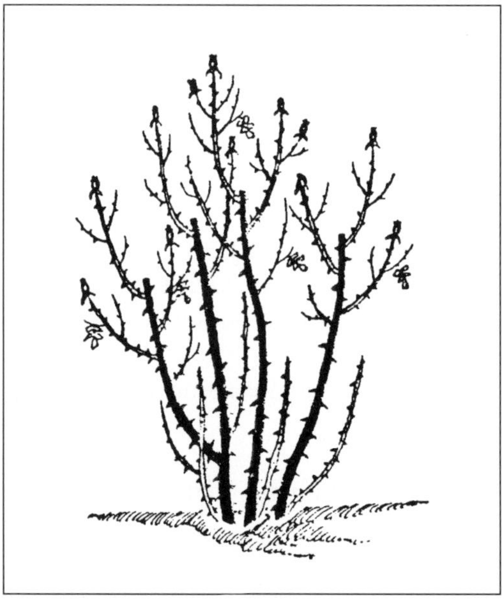

Kletterrosen

Die Blüten der Kletterrosen entwickeln sich vornehmlich aus Knospen an einjährigen Trieben; das sind die im vorigen Jahr gewachsenen Triebe. Besonders schöne und große Blütenbüschel entstehen aus den Knospen der langen, kräftigen einjährigen Triebe, die deshalb unbedingt vom Schnitt verschont bleiben müssen. Je schwächer dagegen die Triebe sind – und solche finden sich zahlreich als abgeblühte Seitentriebe älterer Zweige –, um so weniger kann mit befriedigender Blütenbildung daran gerechnet werden. Das bedeutet, daß diese alten, in Bodennähe meist schon recht knorrigen Äste mit ihrem ganzen Gewirr von Zweigen und Triebchen entweder unten ganz weggeschnitten oder auf einen jüngeren, kräftigen Einzeltrieb zurückgesetzt werden.

Nun gibt es aber zwischen den beiden Extremen „kräftiger einjähriger Langtrieb" und „alter Ast mit schwächlichem Zweiggewirr" auch noch ein Mittelding, nämlich die einjährigen Blütentriebe. Aus ihnen kann man durch einen Rückschnitt auf zwei Augen nochmals einen kräftigen Austrieb erzielen, der mit einem schönen Blütenstand abschließt.

Kletterrose mit altem Holz, das zum Teil entfernt wird, und zahlreichen jungen Trieben

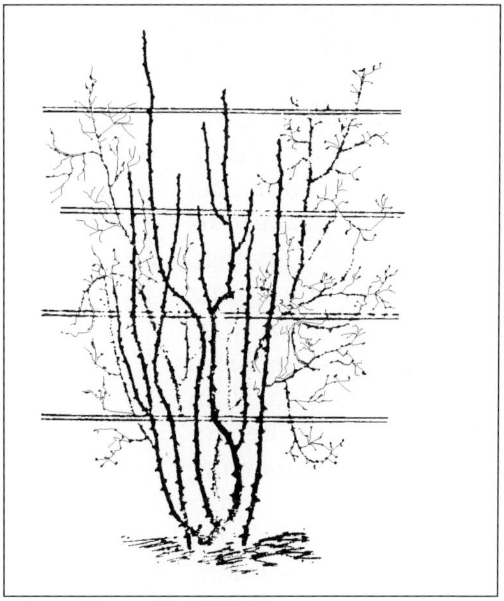

Das Bild zeigt deutlich, worauf es grundsätzlich ankommt: junge, kräftige Triebe unbeschnitten stehen lassen – altes Holz entfernen! Wenn man also vor einem kräftig entwickelten Kletterrosenstrauch mit zahlreichen Trieben steht und nicht weiß, wie und wo man mit dem Schnitt beginnen kann, dann sollte man zuerst einmal auf den Boden schauen und die Beschaffenheit der aus dem Wurzelstock kommenden Triebe prüfen. Sind sie dick, braun, holzig-knorrig, dann handelt es sich um altes Holz, das möglichst direkt über dem Boden weggeschnitten wird. Dies besonders dann, wenn sich auch im oberen Verlauf des Astes kein stärkerer und längerer Jungtrieb (glatte, grüne bis grünbraune Rinde) gebildet hat. Sollte im oberen Bereich ein junger Trieb vorhanden sein, dann kann man diesen Trieb als neue „Verlängerung" belassen und nur das darüber stehende Gezweig wegschneiden. Hat die Kletterrose aber genug kräftige junge Triebe, die ohnehin belassen werden, dann ist es auf alle Fälle besser, den alten Ast völlig zu entfernen. Dadurch wird der ganze Strauch lichter, was eine bessere Blütenentfaltung und eine zahlreichere Jungtriebbildung zur Folge hat.

Weiterentwicklung des einjährigen Langtriebes und Schnitt der vorjährigen Blütentriebe

Links ist ein gut entwickelter einjähriger Langtrieb abgebildet. Nehmen wir an, er wäre im Vorjahr gewachsen. Dann bilden sich heuer aus den Seitentrieben zahlreiche Blütentriebe, so wie es auf der mittleren Zeichnung dargestellt wird. Diese „vorjährigen" Blütentriebe müssen im nächsten Frühjahr zurückgeschnitten werden, und zwar auf je zwei gut entwickelte Augen. Die schwach gezeichneten Teile werden so entfernt, wie es der vergrößerte Ausschnitt rechts zeigt. Damit soll erreicht werden, daß sich aus jedem Triebstummel zwei neue, noch immer kräftige Triebe mit großen Blütenständen bilden. Dies gelingt nur bei Trieben, die mindestens Bleistiftstärke haben; schwächere sind ganz zu entfernen. Im darauffolgenden Jahr kann der Trieb nochmals in ähnlicher Weise behandelt oder – wenn genug junge Langtriebe vorhanden sind – auch zur Gänze entfernt werden.

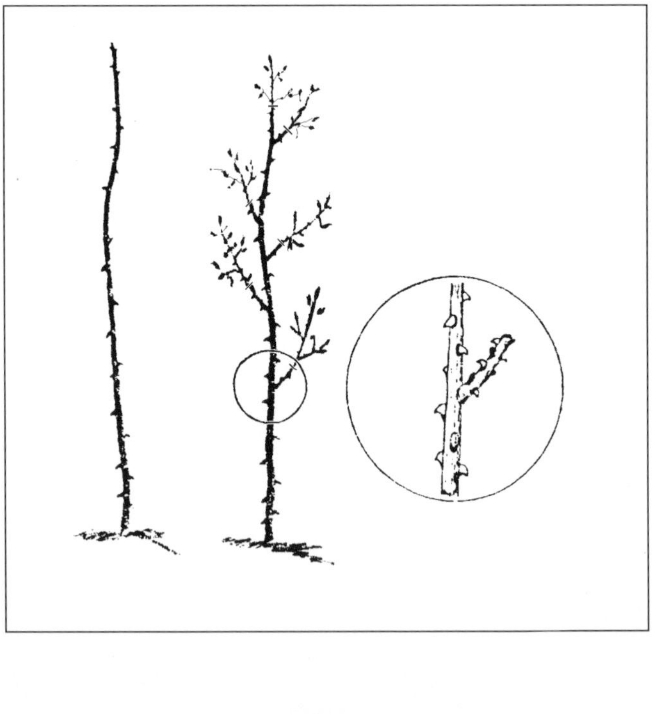

Park-, Wild- und Strauchrosen

Bei Strauch- und Wildrosen wird grundsätzlich auf einen Rückschnitt einzelner Triebe verzichtet. Man lichtet den Strauch vielmehr nur aus, wie dies auch bei vielen anderen Ziergehölzen zu geschehen hat. Dabei werden ein paar ältere Äste, deren Trieb- und Blühwilligkeit nachgelassen hat, am Boden ganz herausgeschnitten. Dadurch kommt wieder mehr Licht ins Innere des Strauches, was die Entwicklung kräftiger Jungtriebe auch im unteren Bereich fördert. Durch diese Maßnahme wird für eine laufende Verjüngung der Pflanze gesorgt, und man erspart sich den nach Jahren dann doch einmal notwendig werdenden starken Eingriff.

Schnitt im Sommer

Während die einmalblühenden Parkrosen nach der Blüte nicht geschnitten werden – es sollen sich ja Hagebutten bilden –, werden bei allen öfterblühenden Rosen die verblühten Triebe so bald wie möglich abgeschnitten. Dadurch wird nicht nur ein unnötiger Verbrauch der Nährstoffe für die Fruchtbildung vermieden, sondern auch der Durchtrieb und die neue Blütenbildung beschleunigt. Grundsätzlich sollte bei Polyanthahybriden und Floribundarosen – unter Schonung aller gesunden Blätter – dort geschnitten werden, wo der neue Durchtrieb ohnehin zu erwarten ist. Dieser erscheint gewöhnlich aus der Blattachsel des ersten voll ausgebildeten Blattes unter der Blütenrispe. Das bedeutet, daß

die verblühte Rispe einen Zentimeter über diesem Auge abgeschnitten wird. Natürlich ist dies nicht immer einzuhalten, manchmal aus Gründen der Pflanzenform, manchmal, weil die Blüten als Schnittblumen verwendet werden sollen. Dies trifft vor allem bei Teehybriden zu, doch sollte man auch da, wo wegen einer ausreichenden Stiellänge der Schnittblumen wesentlich tiefer geschnitten werden muß, stets auf Schonung der Blätter bedacht sein. Werden Teehybriden nicht als Schnittblumen benötigt, und sollen sie viele Blüten bringen, so gilt für sie sinngemäß der für Floribundarosen genannte Sommerschnitt.

HECKEN UND IHR SCHNITT

Hecken sieht man um fast jeden Garten, obwohl sie oft gar nicht notwendig sind. Meist würde schon eine Teilpflanzung genügen. Die Hauptverwendung in der heutigen Zeit ist der Sichtschutz. Manchmal hat man den Eindruck, daß die Leute sehr viel zu verbergen haben müssen, da manche Hecken Höhen von 3 m oder mehr erreichen.

Welchen Zweck erfüllen nun Hecken?

- Sichtschutz
- Windschutz
- Lärmschutz
- Staubschutz
- Vogelschutz

Dies sind sicherlich die wichtigsten Punkte, die man bei der Planung einer Hecke mitberücksichtigen sollte.

Sichtschutz will heute fast jedermann haben, damit man sich unbeobachtet im Garten aufhalten kann. Meist wird hier schon eine Heckenhöhe von 1,5–1,70 m genügen. Solche Hecken kann man mit zahlreichen Gehölzen anlegen. Ein anderer Aspekt ist die Dauer des Sichtschutzes. Da man meist nur in der wärmeren Jahreszeit den Garten benützt und damit auch ausnützt, könnte man ohne weiteres mit laubabwerfenden Gehölzen auskommen. Hier lassen sich auch gestalterisch die Blüte, Buntlaubigkeit und Herbstfärbung einsetzen. Liegt der Garten an einer stark befahrenen Straße, sind immergrüne Gehölze günstiger, da sie in den Wintermonaten sehr viel Staub schlucken und auch zur Lärmminderung beitragen.

Viele Vögel legen ihre Nistplätze in Hecken an. Besonders mit Stacheln bewehrte Gehölze werden von ihnen bevorzugt. Dazu zählen Berberitzen und Feuerdorn.

Vom zur Verfügung stehenden Platz hängt es auch ab, ob man geschnittene oder freiwachsende breite Hecken anlegt. Für die freiwachsende Bepflanzung eignen sich sehr viele heimische Laub- und Blütengehölze, wie Feldahorn, Faulbaum, Hainbuche, Weißdorn, Schlehe, Berberitze u.ä. Die Anordnung sollte am besten so erfolgen, daß von der Ansichtsseite mit etwas niedrigeren Sträuchern begonnen und bis zu größeren Bäumen verlaufend fortgesetzt wird. Natürlich ist auch eine abwechselnde Bepflanzung möglich.

Hin und wieder sucht man auch innerhalb des Gartens nach einem trennenden Element. Hier lassen sich ebenfalls Hecken verwenden, die meistens aber sehr niedrig gehalten werden.

Neben Ziergehölzen lassen sich auch verschiedene Obstarten als Hecke verwenden. Dazu zählen Beerenobst, Apfel und Birne.

Die Pflanzung erfolgt meist in Gräben. Diese werden auf 30–40 cm Tiefe ausgehoben. Breite und Tiefe hängen mit davon ab, ob die Gehölze mit oder ohne Ballen gepflanzt werden. Der Untergrund wird gut aufgelockert. Eine Bodenverbesserung kann mit gut verrottetem Stallmist, Kompost oder Torf erfolgen. Je nach Art und Größe der Gehölze, werden drei bis fünf Pflanzen je Laufmeter gesetzt. Gehölze ohne Ballen müssen unbedingt zurückgeschnitten werden. Man kürzt sie um die Hälfte bis 2/3 ein.

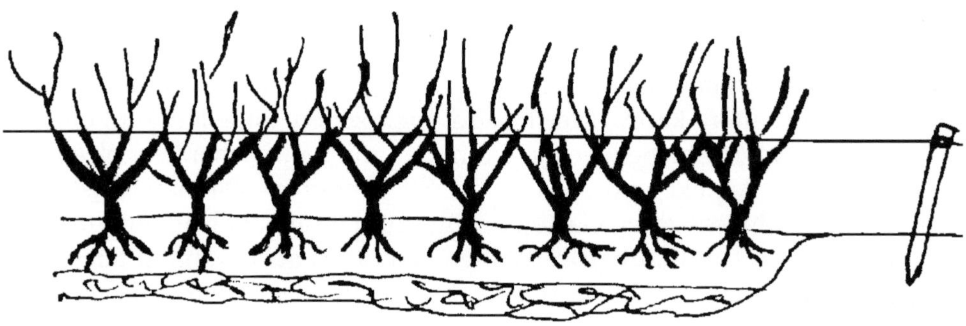

Nach der Pflanzung *wird zurückgeschnitten. Um eine gerade Linie zu erreichen, sollte eine Schnur gespannt werden*

Hier soll nun eine kleine Übersicht der gebräuchlichsten Heckenpflanzen gegeben werden:

Nadelgehölze	
Deutscher Name	**Botanischer Name**
Gemeine Fichte	*Picea abies*
Eibe	*Taxus baccata*
Serbische Fichte	*Picea omorica*
Lebensbaum (Thuje)	*Thuja*
Laubgehölze	
Feldahorn	*Acer campestre*
Grünblättrige Berberitze	*Berberis candidula*
Blutberberitze	*Berberis thunbergii atropurpurea*
Zwergblutberberitze	*Berberis thunbergii atropurpurea nana*
Buchsbaum	*Buxus sempervirens*
Hainbuche	*Carpinus betulus*
Rotbuche	*Fagus sylvatica*
Liguster	*Ligustrum*
Blütenhecken	
Scheinquitte	*Chaenomeles*
Kornelkirsche	*Cornus mas*
Maiblumenstrauch	*Deutzia*
Goldglöckchen	*Forsythia*
Mahonie (Fliederberberitze)	*Mahonia*
Fünffingerstrauch	*Potentilla fruticosa*
Zierapfel	*Malus*
Spierstrauch	*Spirea*
Schneebeere	*Symphoricarpos*

HECKENPFLANZEN UND IHRE ANSPRÜCHE

Nadelgehölze

Gemeine Fichte – *Picea abies (P. excelsa)*

Dieses Gehölz ist in Nord- und Mitteleuropa heimisch und kann an günstigen Standorten Höhen bis zu 50 m erreichen. Es hat ein weitreichendes, flaches Wurzelsystem. Trockene Lagen und stauende Nässe werden gemieden. Die Fichte liebt frische und kalkarme Böden. Sie zeichnet sich durch gute Schnittverträglichkeit aus. Geeignet ist sie für sonnige bis halbschattige Lagen.

Eine regelmäßige Bekämpfung der Fichtengallaus sollte vorgenommen werden. Verschiedentlich können auch Pilzkrankheiten auftreten. Ein großer Vorteil ist die absolute Winterhärte.

Dichte, schöne ***Fichtenhecke***

Auch das ist möglich! Dichte, ca. 5 m hohe ***„Fichtenheckenmauer"***

Eibe – *Taxus baccata*

Die Eibe wächst baum- bis strauchförmig und hat im Alter weit ausladende Äste. Am natürlichen Standort kommt sie oft als Unterholz vor, ein Zeichen, daß sie sehr viel Schattendruck verträgt. An den Boden werden keine besonderen Ansprüche gestellt. Zusätzlich ist sie sehr industriefest. Sie verträgt jeden Schnitt. Im Spätsommer werden scharlachrote, fleischige Früchte sichtbar, die gerne von den Vögeln angenommen werden, für den Menschen jedoch giftig sind.

Taxus media Hicksii

Hierbei handelt es sich um eine Säulenform der Eibe, die eine Höhe von 3–5 m erreichen kann. Besonders reicher Fruchtschmuck und eine extreme Frosthärte zeichnen diese Pflanze aus. Im Gegensatz zur vorher beschriebenen Art benötigt sie jedoch einen gut vorbereiteten Boden.
Krankheiten und Schädlinge spielen keine Rolle.

Thuje – *Thuja occidentalis*

Die Thuje ist im Norden der Vereinigten Staaten und in Kanada beheimatet. Sie erreicht dort Höhen bis zu 20 m und entwickelt sich sehr oft mehrstämmig. Die Bodenansprüche sind sehr gering, die Winterhärte ist sehr gut. Im Winter verfärben sich die Pflanzen bräunlich. Im Schatten sind das Wachstum geringer und der Aufbau locker. Eine leichte Empfindlichkeit gegen Abgase wurde festgestellt. Gegen Streusalz sind die Pflanzen sowohl bei den Trieben als auch bei den Wurzeln sehr empfindlich. Daher ist von einer Pflanzung am Straßenrand abzuraten.

Vor allem im ländlichen Raum hat sich die Thuje in den letzten Jahren stark ausgebreitet. Da sie jedoch nicht ins Landschaftsbild paßt, sollte man gerade in diesen Gegenden von einer Verwendung dieser Art absehen.

Thujen sind vermehrt anfällig gegen Pilzkrankheiten und die Thujenminiermotte.

Thuja occidentalis fastigiata

Diese Säulenform erreicht Höhen von 10–15 m und wird meist auf Friedhöfen gepflanzt. Die Verwendung für Hecken ist seltener.

Glatt geschnittene, dichte ***Thujenhecke***

Serbische Fichte – *Picea omorica*

Die Serbische Fichte wird bis 35 m hoch. Sie ist sehr rasch wachsend und hat eine schlanke, pyramidale Form. Der Baum bleibt auch im hohen Alter bis zum Boden beastet. Die Nadeln sind an der Oberseite dunkelgrün, unterseits blauweiß. Sie ist vollständig rauch- und rußfest und verlangt einen tiefgründigen Boden. Böden mit stauender Nässe sollten gemieden werden. Bei Magnesiummangel tritt das sogenannte „Omorikasterben" auf.

Laubhecken

Feldahorn – *Acer campestre*

Der Feldahorn ist in Europa und Westasien beheimatet. Frei wachsend erreicht er eine Höhe von 10–15 m. An den älteren Trieben bilden sich Korkleisten, die darauf hindeuten, daß dieses Gehölz trockenheitsverträglich ist. Ebenso sind

***Feldahornhecke** in schöner Herbstfärbung*

Industriefestigkeit und Schattenverträglichkeit sehr gut. Der Feldahorn weist eine schöne, gelbe Herbstfärbung auf und ist besonders für stark wachsende Hecken geeignet. Er wird noch für Hangbefestigungen, Begrünung von Ödland sowie als Wind- und Vogelschutzgehölz verwendet.

Berberitze – *Berberis thunbergii*

Dieser Strauch wird 2–3 m hoch und hat kantige, rotbraune Zweige. Die Blüten sind gelb, und im Herbst bilden sich rote Früchte. Diese Art liebt leichtsauren Boden und hat sich als industriefest erwiesen. Ein weiterer Vorteil ist die Schnittverträglichkeit. Hecken mit diesem Gehölz sollten nicht wesentlich höher als einen Meter gehalten werden.

Blutberberitze – *Berberis thunbergii atropurpurea*

Diese Pflanze unterscheidet sich von der vorhergehenden durch ihre rote Laubfärbung, die in schattigen Lagen jedoch nicht intensiv vorhanden ist.

Zwergblutberberitze – *Berberis thunbergii atropurpurea nana*

Sie erreicht eine Höhe von 60 cm und ist ebenfalls sehr gut schnittverträglich. Sie wird für kleine Hecken, Gräber und Steingärten verwendet.

Buchsbaum – *Buxus sempervirens*

Dieses kleine Gehölz wurde schon immer für niedrige Einfassungen in Bauerngärten verwendet. Auch für Gräber ist diese Pflanze gut geeignet. Im städtischen Bereich kann sie ohne Bedenken verwendet werden.

Hain- oder Weißbuche – *Carpinus betulus*

Die Hainbuche ist über ganz Europa verbreitet und erreicht Höhen bis zu 20 m. Charakteristisch ist der gedrehte Wuchs des Stammes. Im Alter hängen die Äste oft bis zum Boden herab. Auch hier ist die goldgelbe Herbstfärbung hervorzuheben. Dieses Gehölz ist schnitt- und schattenverträglich und liebt tiefgründige Böden. Heiße und trockene Lagen sowie auch stauende Nässe sind nicht geeignet.

*Eine **Hainbuchenhecke** kann auch ganz niedrig gehalten werden*

Rotbuche – *Fagus sylvatica*

Häufigster Baum Mitteleuropas, fehlt, mit Ausnahme von Restvorkommen, in den Zentralalpen. Die Buche ist schnitt- und schattenverträglich und bevorzugt feuchtes, warmes Klima sowie frische, kalkhältige Böden.
Sehr schöne Herbstfärbung.

Liguster (Rainweide) – *Ligustrum ovalifolium*

Der Strauch ist wintergrün und bringt im Juli rahmweiße Blüten. Das Laub ist dunkel- bis blaugrün. Liguster verträgt sehr viel Schatten. Er ist für strengen Schnitt sehr dankbar. Ungeschnitten erreicht er eine Höhe von 5 m.

Ligustrum vulgare

Durch seine starke Wurzelbildung ist dieser Strauch als Böschungsbepflanzung sehr gut geeignet. Er stellt geringere Bodenansprüche als die vorhergehende Art.

Im Unterschied zu den Bäumen behält die geschnittene ***Rotbuchenhecke*** *ihre Blätter bis weit in den Winter. Das Bild zeigt eine ca. 60 Jahre alte Hecke*

Ligustrum vulgare atrovirens

Der Strauch ist winter- bis immergrün und ebenfalls schattenverträglich. Der Wuchs ist etwas schwächer als bei den vorher genannten Arten. Das Laub verfärbt sich im Winter purpur und bringt so zusätzliche Farbeffekte.

Blütenhecken

Diese Hecken werden gerne zur Belebung des Gartens gepflanzt. Da sie nach Möglichkeit nicht geschnitten werden sollten, ist hier der Platzbedarf wesentlich größer. Dadurch sind diese Hecken bei kleinen Grundstücken nicht immer brauchbar. Durch sehr strengen Schnitt wird die Blüte stark reduziert. Außerdem sollten diese Sträucher besonders durch ihren natürlichen Wuchscharakter zur Geltung kommen.

Scheinquitte – *Chaenomeles*

Die Heimat dieses Gehölzes ist Ostasien. Es gibt zahlreiche Formen und Sorten, die ab März in Weiß, Rosa und Rot reichlich blühen. Der Strauch ist sommergrün und durch die zahlreichen Dornen ein gutes Vogelschutzgehölz. Er gedeiht auch noch auf mageren und kalkhältigen Böden. Nach Möglichkeit sollte kein Schnitt erfolgen, da die Scheinquitte am vorjährigen Holz blüht. Manchmal erscheint im Herbst noch eine Nachblüte. Die gelben Früchte besitzen ebenfalls einen gewissen Zierwert. Zwei Arten werden meistens verwendet:
Ch. japonica: 1–2 m hoch
Ch. lagenaria: 2–3 m hoch

Kornelkirsche – *Cornus mas*

Die Gattung Cornus weist ca. 40 Arten auf, die in der nördlichen gemäßigten Zone Asiens, Amerikas und Europas vorkommen. Zahlreiche Arten werden aufgrund ihres Zierwertes, wie z.B. Buntlaubigkeit, Blüte und bunter Rinde, in unseren Gärten verwendet. Die Kornelkirsche ist bei uns zum Teil verwildert. Sie ist kalkverträglich, industriefest und für geschnittene Hecken bestens geeignet. Diese Hecken bieten guten Sicht- und Windschutz. Die rötliche Herbstfärbung trägt zur Schmuckwirkung bei. Die gelben Blüten erscheinen je nach Witterung von Januar bis April. Im Herbst bilden sich eineinhalb Zentimeter lange, rote, eßbare Früchte.

Maiblumenstrauch – *Deutzia*

Die Heimat dieses 50 Arten umfassenden Gehölzes ist Asien. Fast alle bei uns erhältlichen Kulturformen wurden von dem Franzosen Lemoine gezüchtet. Neben der Verwendung für Strauchgruppen eignet sich Deutzia sehr gut für Blütenhecken. Sie gedeiht auf jedem guten Gartenboden und liebt vor allem zur Blütezeit mehr Feuchtigkeit. Die Blüten erscheinen je nach Art von Mai bis Juli.
D. gracilis: ca. 1 m hoch, reinweiße Blüte von Mai bis Juni
D. hybrida Mont Rose: 2–3 m hoch, rosa Blüten von Juni bis Juli
D. scabra plena: 3–4 m hoch, Blüte Anfang Mai bis Juli, rosa gefüllt.

Goldglöckchen – *Forsythia*

Die Forsythia wird fälschlich als Goldregen bezeichnet. Eine Art ist in Europa heimisch, die restlichen fünf in Ostasien. Im Handel sind Kreuzungen. Die Forsythia ist anspruchslos und industriefest. Blütezeit ist März bis April, ab Weihnachten können die Zweige in den Wohnungen zur Blüte gebracht werden.
F. intermedia Beatrix Farrand: 3–4 m hoch, aufrecht wachsend, größte Blüte 5–6 cm Ø
F. intermedia Lynwood Gold: 3–4 m hoch, überhängend, am häufigsten verwendete Art.

Fiederberberitze – *Mahonia*

Etwa 90 Arten sind in Asien, Nord- und Mittelamerika beheimatet. Die immergrünen Blätter sind dornig gezähnt.
M. aquifolium: bis 1 m Höhe, glänzend grüne Blätter, Blüte gelb, von Mai bis Juni, schwarzblaue Früchte, sehr gut schattenverträglich.

DER HECKENSCHNITT

Nach der Pflanzung einer Hecke ist es wichtig, die ohne Wurzelballen gepflanzten Jungpflanzen stark zurückzuschneiden. Dadurch werden ein besseres An- und Weiterwachsen gewährleistet sowie eine dichte Heckenentwicklung gefördert. Heckenpflanzen mit Wurzelballen brauchen nicht so stark zurückgeschnitten zu werden.

Im ersten oder auch im zweiten Standjahr ist der Sommerschnitt nicht unbedingt erforderlich. Wird in den ersten Jahren – vor allem bei laubabwerfenden Heckenpflanzen – nur im Frühjahr stärker geschnitten, gibt es ein kräftigeres Wachstum, und die Hecke erreicht bald die gewünschte Größe. In den ersten Jahren sollte vor allem das Wachstum der Seitentriebe gefördert werden. Dies ist am ehesten durch eine Unterdrückung des Höhenwachstums zu erreichen.

In den weiteren Jahren wird eine streng geschnittene Hecke zweimal im Jahr – einmal zum Winterausgang und einmal Ende Juni bis etwa Mitte Juli – geschnitten. Wichtig ist, daß fast alle Hecken trapezförmig geschnitten werden; sie müssen unten breiter sein als oben, damit auch die unteren Triebe ausreichend belichtet werden. Ein senkrechter Schnitt würde, genauso wie ein starker Unkrautwuchs an der Basis der Hecke, besonders bei Koniferenhecken ein vorzeitiges Verkahlen der Pflanzen im unteren Bereich fördern.

Bei freiwachsenden Blütenhecken ist kein so starker Schnitt erforderlich, es genügen ein regelmäßiges Auslichten und ein Verjüngen in mehrjährigem Abstand, um sie jung, dicht und in Form zu halten.

Besonders Koniferenhecken sollten trapezförmig geschnitten werden. Ein senkrechter Schnitt führt leicht zu Verkahlungen der unteren Partien

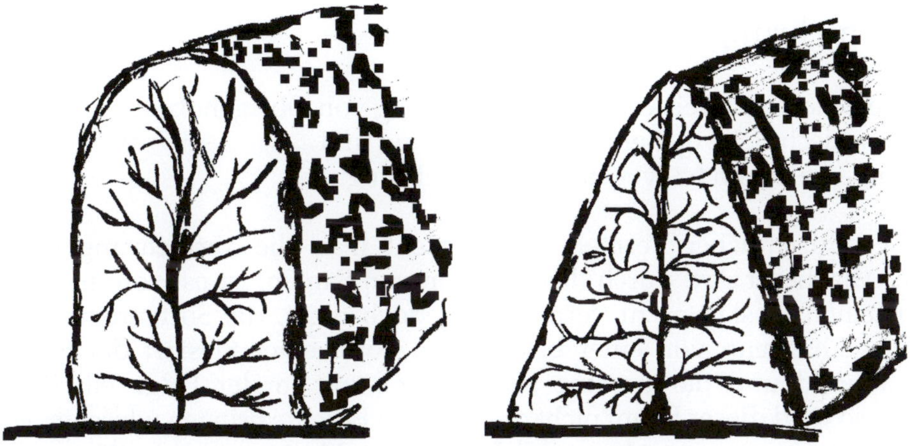

Abgerundete, nicht so strenge Heckenschnittformen

Für einen „pflegeleichten", vollwertigen ***Heckenersatz*** *eignen sich Kletter- und Schlingpflanzen, die auf einem Holzzaun gezogen werden*

DAS VEREDELN VON GEHÖLZEN

Die Vermehrung der Obstgehölze

Wir unterscheiden zwei Arten der Vermehrung von Obstgehölzen:
- die geschlechtliche (generative) Vermehrung und
- die ungeschlechtliche (vegetative) Vermehrung.

Unter geschlechtlicher Vermehrung versteht man die Vermehrung durch Samen. Mit dieser Art, durch das Aussäen von Samen, ist es wohl möglich, die einzelnen Obstarten zu vermehren, jedoch nicht, die Sortenreinheit zu erhalten, d.h. wenn von einer bestimmten Sorte einer Obstart der Samen ausgesät wird und daraus eine Jungpflanze und in der Folge ein Baum entsteht, so wird dieser Baum nicht die gleichen Früchte bringen wie jener, von dem der Samen stammt, da er das Erbgut der Mutter- und der Vatersorte enthält. Es handelt sich dabei um einen sogenannten Sämling (Wildling), welcher erst veredelt werden muß. Man kann daher mit dieser Vermehrung wohl Veredlungsunterlagen erzeugen, nicht aber eine sortenechte Vermehrung durchführen.

Die ungeschlechtliche Vermehrung ist für den Obstbau von großer Bedeutung und kann u.a. auch durch Abrisse, z.B. bei der Vermehrung von Typenunterlagen, bei Beerenobst durch Absenker, Ausläufer und Holzstecklinge vorgenommen werden. Die wohl bekannteste ungeschlechtliche Vermehrung von Edelsorten im Obstbau ist das Veredeln.

DAS VEREDELN

Unter „Veredeln“ versteht man die Vereinigung zweier Pflanzenteile, der bewurzelten Unterlage und dem darauf eingesetzten Auge oder dem Edelreis. In der Regel werden für die Reiserveredlung Reiser mit drei gut entwickelten Augen eingesetzt, wobei sich ein Auge hinter der Schnittstelle befinden soll, die zwei oberen Augen sind für den Austrieb bestimmt.

Im folgenden werden die für den Praktiker wichtigsten bzw. gebräuchlichsten Veredlungsarten für unsere Obstgehölze besprochen.

Für das Anwachsen von Veredlungen ist das Kambium, welches sich zwischen Bastgewebe und Splintholz befindet, verantwortlich. (Siehe auch Seite 19 „Die Lebensvorgänge im Baum“.) Es muß daher sowohl an der

Unterlage als auch am Edelreis Kambium freigelegt werden, und die beiden Teile müssen zusammengeführt werden, damit ein gegenseitiges Verwachsen (Anwachsen des Edelreises) möglich ist. Das Freilegen geschieht durch verschiedene Schnittführungen, sowohl am Edelreis als auch an der Unterlage.

Der Kopulationsschnitt am Edelreis ist der Grundschnitt für die meisten Reiserveredlungsarten. Es muß in einem ein glatter Schnitt durchgeführt werden. Die Schnittlänge sollte mindestens 3 cm betragen. Gegenüber der Schnittfläche sollte sich zwecks besseren Anwachsens ein Auge befinden.

Das Edelreis sollte drei gut entwickelte Augen aufweisen, braucht jedoch nicht lang zu sein. Das gilt für alle Reiserveredlungen.

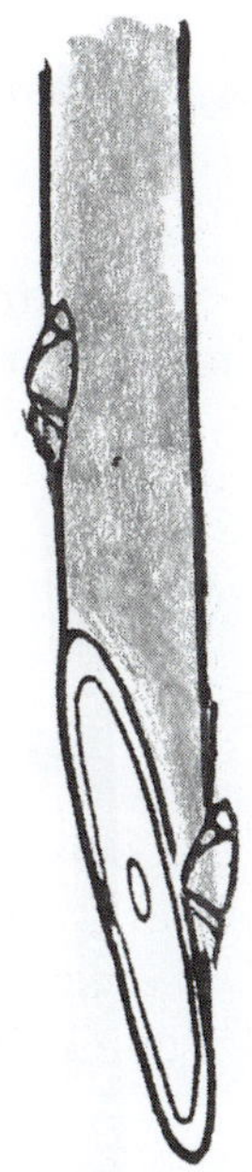

Kopulationsschnitt:
Gegenüber der Schnittfläche sollte sich ein Auge befinden

Edelreis mit Kopulationsschnitt

Das Kopulieren

Das Kopulieren wird angewendet, wenn Unterlage und Edelreis gleich stark sind.

Sowohl an der Unterlage als auch am Edelreis wird ein gleich langer (mindestens 3 cm) Schnitt durchgeführt, und beide Teile werden aufeinandergelegt. Vor dem Verbinden muß geprüft werden, ob das Kambium beider Teile eng aneinanderliegt. Sollte die Unterlage doch etwas stärker als das Edelreis sein, so muß das Kambium des Edelreises unbedingt an einer Seite auf das Kambium der Unterlage zu liegen kommen. Der Verband – Bast oder Gummiband – wird von oben nach unten geführt und durch zweimaliges Durchziehen durch die letzte Schlinge fixiert. Anschließend wird mit Veredlungswachs gut verstrichen.

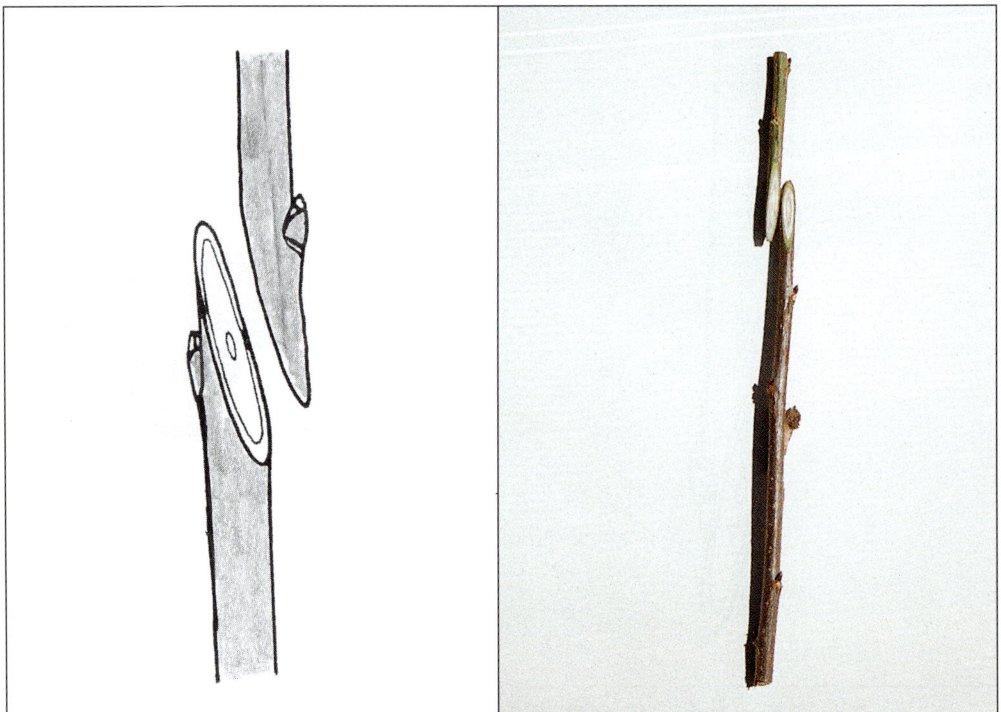

Kopulation: *Die Schnittflächen des Edelreises und der Unterlage sollten sich decken*

Das Geißfußpfropfen

Diese Methode wird durchgeführt, wenn die Unterlage stärker als das Edelreis ist und eine nicht zu dicke Rinde aufweist.

An der waagrecht abgeschnittenen Unterlage wird an einer glattrindigen Stelle ein Keil herausgeschnitten. Das Edelreis wird mit einem Kopulations- und einem Zusatzschnitt so zugeschnitten, daß der dadurch entstehende Keil genau in den der Unterlage paßt, wodurch das Kambium beider Teile aufeinander zu liegen kommt. Der Schnittansatz vom Edelreis muß allerdings sichtbar bleiben, damit auch von da aus eine Verheilung und damit bessere Verwachsung mit der Unterlage gewährleistet wird. Dies gilt auch für alle Reiserveredlungsarten, die nachfolgend noch besprochen werden (siehe auch Zeichnung „Anschäften").

Nach dem Einsetzen des oder der Edelreiser (bei stärkeren Unterlagen sollten zur besseren Verheilung mehrere Edelreiser eingesetzt werden) wird mit Bast gut verbunden und es werden alle sichtbaren Schnittstellen mit Veredlungswachs verschlossen.

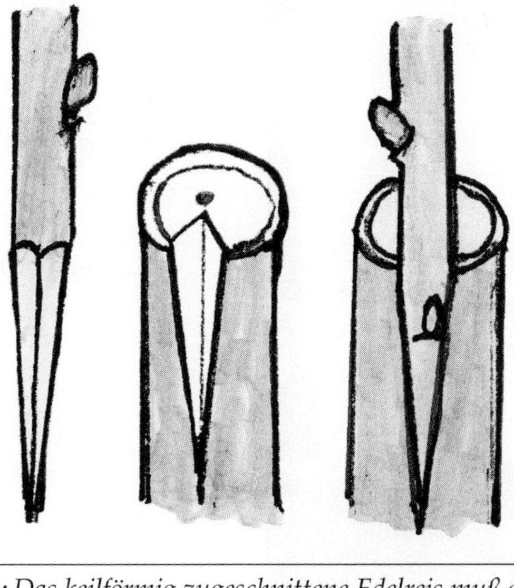

Geißfußpfropfen: *Das keilförmig zugeschnittene Edelreis muß exakt in den Keil der Unterlage passen*

Geißfußpfropfen

Oben links: *An der abgeschnittenen Unterlage wird ein Keil herausgeschnitten*

Oben rechts: *Das Edelreis wird ebenso keilförmig zugeschnitten*

Der Schnittansatz des Edelreises muß sichtbar bleiben

Das Anschäften

Diese Veredlungsart wird angewendet, wenn die Unterlage für eine Kopulation zu stark, für andere Veredlungsarten aber zu schwach ist. Das Anschäften kann auch als Ersatz für das etwas schwierigere Geißfußpfropfen angewendet werden.

Die Ausführung ist relativ einfach. Am Edelreis wird der bereits bekannte Kopulationsschnitt durchgeführt. An der waagrecht abgeschnittenen Unterlage wird an einer glatten Stelle von unten nach oben ein der Stärke des Edelreises entsprechender, flach verlaufender Schnitt ausgeführt.

Beide Schnitte sollten so geführt werden, daß sie sich gegenseitig decken. Sollte dies jedoch nicht der Fall sein und der Schnitt an der Unterlage größer ausgefallen sein, so muß das Edelreis mindestens an einer Stelle kambiumgleich mit der Unterlage abschließen. Verbunden wird von oben nach unten, wobei das Edelreis fest an die Unterlage angedrückt, jedoch nicht verschoben werden darf. Anschließend wird mit Veredlungswachs gut verstrichen.

***Anschäften:** Anstelle des keilförmigen Schnittes wird hier der Kopulationsschnitt angewendet*

Die bisher genannten Veredlungsarten können bereits zu Winterausgang bzw. zeitig im Frühjahr durchgeführt werden. Man spricht daher auch von „Holzveredlungen" im Gegensatz zu „Rindenveredlungen", bei denen sich die Rinde bereits gut lösen muß.

Das einfache Rindenpfropfen (Rindenschieben)

Hier wird durch das Lösen der Rinde vom Holzteil, durch das Zerreißen kambialer Schichten, Verwachsungsgewebe freigelegt. Das Rindenschieben wird meist an bereits größeren Pfropfköpfen angewendet, aber auch dann, wenn jemand noch zu wenig Übung für die Geißfußveredlung hat.

Am Edelreis wird der bereits besprochene Kopulationsschnitt ausgeführt, wobei auch hier zu trachten ist, daß sich hinter der Schnittfläche ein Auge befindet. Am Pfropfkopf wird mit dem Veredlungsmesser ein Längsschnitt durchgeführt. Die Länge dieses Schnittes soll etwa dem des Edelreises entsprechen. Die Rinde wird links und rechts vom senkrechten Schnitt leicht gelöst und das Edelreis so weit eingeschoben, daß der Schnittansatz am Edelreis sichtbar bleibt. Je nach Stärke der Unterlage (Pfropfkopf) müssen zwecks besserer Verheilung an mehreren Seiten Edelreiser eingesetzt werden.

Das verbesserte Rindenpfropfen

Der Unterschied zwischen dem einfachen und dem verbesserten Rindenpfropfen besteht darin, daß nach dem Längsschnitt an der Unterlage nur ein Rindenflügel, und zwar an der rechten Seite des Längsschnittes, gelöst wird. An der rechten Seite deshalb, da dadurch beim Verbinden von rechts nach links das Edelreis an die nicht gelöste Rinde der Unterlage besser angepreßt wird.

Am Edelreis wird zusätzlich zum Kopulationsschnitt im rechten Winkel ein seitlicher Schnitt ausgeführt. Dieser muß an dem nicht gelösten Rindenteil der Unterlage anliegen. Hernach wird von rechts nach links verbunden und mit Veredlungswachs verstrichen. Diese Methode hat gegenüber dem einfachen Rindenschieben den Vorteil, daß durch das nur einseitige Lösen des Rindenflügels an der Unterlage eine kleinere Wundfläche entsteht, wodurch eine raschere Verheilung möglich ist.

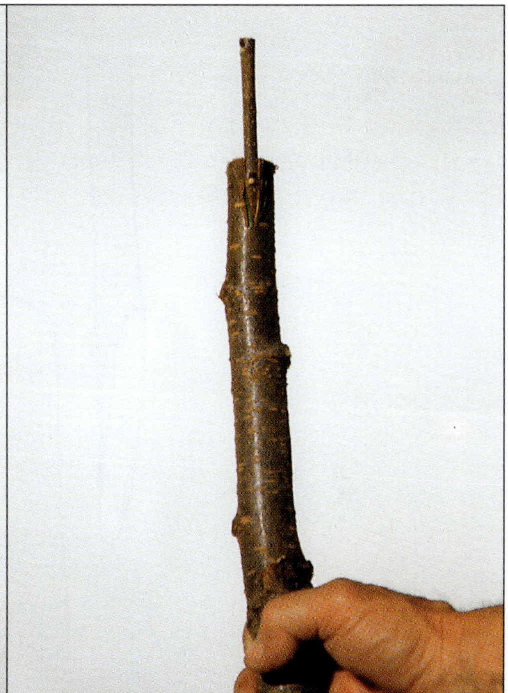

Einfaches Rindenpfropfen

Oben links: *Am Pfropfkopf wird ein Längsschnitt angebracht*

Oben rechts: *Das Edelreis wird eingeschoben; der Schnittansatz muß sichtbar bleiben*

Die Veredlungsstelle mit Bast verbinden und mit Baumwachs verstreichen

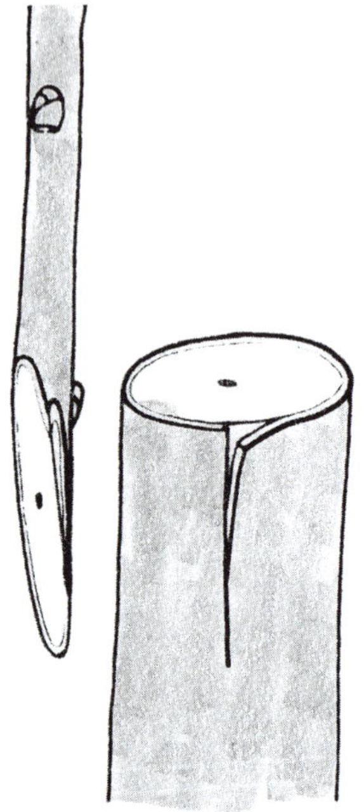

*Nur ein Rindenflügel wird gelöst.
Am Edelreis wird zusätzlich ein seitlicher
Längsschnitt angebracht*

Verbessertes Rindenpfropfen

*Das Edelreis muß fest am nicht gelösten
Rindenteil anliegen*

Das Dickrindenpfropfen – auch Tittelpfropfen genannt

Es kommt immer wieder vor, daß auch etwas ältere Bäume, deren Sorten nicht entsprechen, umveredelt werden. Die dafür vorgesehenen Äste werden bereits in der Winterruhe zurückgeschnitten (abgeworfen), wobei aber nicht gleich an der vorgesehenen Veredlungsstelle eingekürzt wird, sondern etwa 30–50 cm länger, damit kurz vor dem Veredlungsvorgang ein frischer Schnitt an der Veredlungsstelle durchgeführt werden kann.

Meist sind an älteren Bäumen auch dickere Äste mit einer bereits starken Rinde zu veredeln. Würde man in diesem Fall das schon beschriebene Rindenschieben anwenden, so würde durch das Lösen beider oder auch nur eines Rindenflügels zufolge der Dicke der Rinde ein großer Spalt (Wunde) entstehen und die gründliche Verheilung verlangsamt werden.

Beim Dickrindenpfropfen werden an der Unterlage zwei Längsschnitte durchgeführt. Der Abstand der Schnitte richtet sich nach der Stärke des Edelreises. Die zwischen den Längsschnitten liegende Rinde wird gelöst und der obere Teil entfernt.

Am Edelreis wird wie bei allen bisher besprochenen Veredlungsmethoden der Kopulationsschnitt (Grundschnitt) durchgeführt. Zusätzlich muß allerdings von dem an der gegenüberliegenden Seite des Kopulationsschnittes befindlichen Auge ein Schnitt nach unten erfolgen. Durch diesen kurzen Schnitt wird am Edelreis zusätzlich Kambium freigelegt, wodurch ein Verwachsen mit dem verbliebenen Rindenstreifen möglich wird.

Das Dickrindenpfropfen kann auch an dickeren Ästen mit langen Kahlstellen ausgeführt werden, woraus sich junge Fruchttriebe bzw. -äste entwickeln. Statt Verbinden der Veredlungsstelle können die Edelreiser mit dafür geeigneten kleinen Nägeln angenagelt werden. Ein gründliches Verstreichen der Wunden mit Veredlungswachs ist auch hier erforderlich.

Das Okulieren

Eine vor allem in den Baumschulen gebräuchliche Veredlungsart wird an jungen, etwa bleistiftstarken Unterlagen durchgeführt, wobei nur ein Auge eingesetzt wird. Obstgehölze werden grundsätzlich auf das schlafende Auge

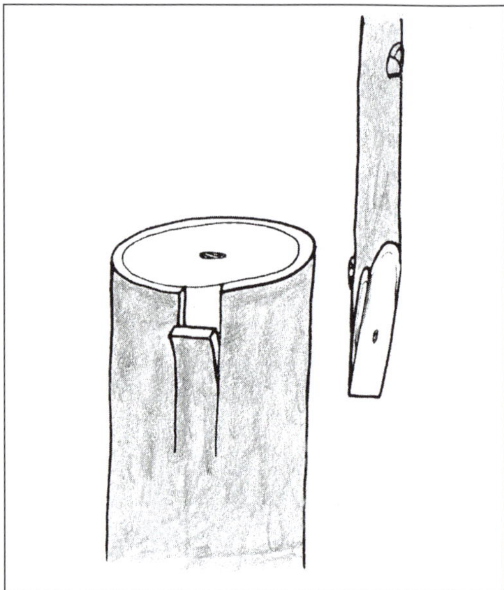

Dickrindenpfropfen: *Das Edelreis muß genau hinter den Rindenstreifen passen und seitlich an der Rinde anliegen*

Schnittführung an der Unterlage für das Dickrindenpfropfen

Der Schnittansatz des Edelreises muß sichtbar bleiben

okuliert, das heißt, der Zeitpunkt der Veredlung wird so gewählt, daß das eingesetzte Auge wohl noch anwächst, jedoch erst im kommenden Frühjahr durchtreibt. Der Zeitraum ist relativ kurz und – je nach Obstart und Unterlage – von Anfang bis Mitte August gegeben. Je nach Witterung kann sich dieser Termin auch etwas verschieben. Die Durchführung dieser Veredlung ist eher einfach und der Anwachserfolg meist sehr gut.

Voraussetzung ist, daß man ausreichend entwickelte Augen von diesjährigen Trieben verwendet und sich die Rinde der Unterlage gut löst. Die Triebe werden kurz vor dem Veredeln geschnitten und die Blätter entfernt. Der Blattstiel verbleibt jedoch am Edelreis bzw. am Auge. An der Unterlage wird ein T-Schnitt ausgeführt, und mit dem Rindenlöser des Okuliermessers werden die Rindenflügel gelöst.

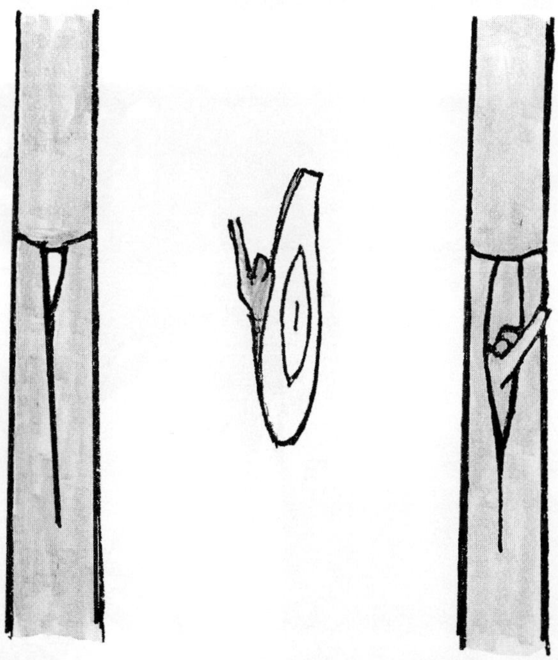

*Beim **Okulieren** wird ein „Augenschiffchen" hinter die gelöste Rinde der Unterlage geschoben*

Okulieren: *An der Unterlage wird ein T-förmiger Schnitt angebracht*

Das „Augenschiffchen" ist eingeschoben

Das „Schiffchen" wird mit Bast festgebunden

Der Rückschnitt der Unterlage erfolgt erst nach dem Anwachsen des Auges

Vom Edelreis wird ein Auge herausgeschnitten. Am besten geschieht dies, indem man ca. $1\frac{1}{2}$ cm unter dem Auge ansetzt und das Messer in der Wuchsrichtung so durchzieht, daß genügend Kambium freigelegt, jedoch nur ein geringer Holzteil mitgeschnitten wird.

Das Schildchen sollte eine Länge von etwa 3 cm aufweisen. Das Auge wird nun in die durch den T-Schnitt an der Unterlage entstandene Tasche eingeschoben. Das Verbinden des Auges kann mit Bast, aber auch mit Gummiverschlüssen erfolgen, wobei darauf zu achten ist, daß das Auge frei bleibt. Ein Rückschnitt der Unterlage – etwa 5–15 cm über dem eingesetzten Auge – erfolgt erst im Frühjahr des darauffolgenden Jahres.

Der so verbliebene Zapfen wird sodann Ende Juli oder Anfang August glatt über dem jungen, aus dem eingesetzten Auge entstandenen Trieb weggeschritten.

Rosen und Ziergehölze werden meist durch Okulieren veredelt.

DER REISERSCHNITT FÜR DIE SPÄTWINTER- UND FRÜHJAHRSVEREDLUNGEN

Für Veredlungen, vom Kopulieren bis zum Dickrindenpfropfen, müssen die Edelreiser in der Winterruhe geschnitten werden. Es müssen dies einjährige Triebe mit gut entwickelten Augen sein. Der Zeitpunkt des Schnittes richtet sich nach den Wintertemperaturen. Bei langanhaltenden Frostperioden im Jänner und Februar kann der Reiserschnitt etwas später durchgeführt werden. In milden Wintern soll die Gewinnung der Reiser, vor allem bei Steinobst, schon an frostfreien Tagen im Februar geschehen. Kernobstreiser können auch noch später geschnitten werden. Es zeigten sich auch noch gute Anwuchserfolge, wenn Kernobstreiser erst Anfang April geschnitten wurden.

Die Lagerung der Edelreiser

Die Lagerung der Reiser sollte in kühlen Räumen mit hoher Luftfeuchtigkeit erfolgen. Stehen solche Räumlichkeiten nicht zur Verfügung, kann die Aufbewahrung auch in Kübeln, in denen sich mäßig feuchter Sand befindet, durchgeführt werden. Die Reiser werden bis zu einem Drittel in den Sand gesteckt. Eine weitere Möglichkeit ist die Aufbewahrung im Kühlschrank. Allerdings müssen die Reiser in diesem Fall mit einer Folie vor dem Austrocknen geschützt werden. Auch eine Lagerung im Freien hat sich bewährt. Die frisch geschnittenen Edelreiser werden an der Nordseite eines Gebäudes bis zur Hälfte ihrer Länge mit einem dafür vorbereiteten Gemisch aus Erde und Sand abgedeckt.

LITERATUR

Bärtels A.: Gehölze pflanzen und pflegen, Ulmer Verlag, Stuttgart 1984

Hallama G.: Obstbau, Leopold Stocker Verlag, Graz 1992

Keppel H. u.a.: Der Obstgarten, Leopold Stocker Verlag, Graz 1996

Kreuzer J.: Gartenpflanzen-Lexikon, Traunstein 1978

Kriegl J.: Schnitt der Rosen, Zeitschrift Obst- und Weinbau, Heft 1, Graz 1977

Lang R.: Hecken im Garten, Zeitschrift Obst – Wein – Garten, Heft 9, 10, 11, 12, Graz 1981

Metzner R.: Das Schneiden der Obstbäume und Beerensträucher, Ulmer Verlag, Stuttgart 1991

Pelzmann H.: Kiwi-Kultur, Leopold Stocker Verlag, Graz 1987

AUS UNSEREM PROGRAMM:

ISBN 3-7020-0956-6

Helmut Pirc

WILDOBST IM EIGENEN GARTEN

Apfelbeere, Schlehdorn, Kornelkirsche & Co

2. Auflage, *130 Seiten, zahlr. Farbabbildungen und Zeichnungen, Hardcover*

In diesem Buch werden 46 Wild- und seltene Obstarten – eingeteilt nach ihrer Wuchshöhe – vorgestellt. Es gibt Auskunft über ihre natürliche Verbreitung, ihre Eignung für den Garten, Standortansprüche, Pflege (inklusive Schnitt), Vermehrung, Krankheiten und Schädlinge und eventuell vorhandene Auslesen und Sorten.

Aus dem Inhalt:

- **Große Bäume:** Edelkastanie, Ginkgobaum
- **Mittelgroße Bäume:** Eberesche, Elsbeere, ...
- **Große Sträucher bis kleine Bäume:** Doldige Ölweide, Felsenbirne, ...
- **Mittelgroße Sträucher:** Apfelbeere, ...
- **Klein- und Zwergsträucher:** Cranberry, ...
- **Kletterpflanzen:** Chinesische Kiwi, ...
- **Sonstige Pflanzen:** Blauschotenstrauch, ...
- **Vermehrung der Wildobstarten** (mit Veredlung)
- **Rezepte**
- **Bezugsquellen**

ISBN 3-7020-0992-2

Otto Henze/Johannes Gepp

VOGELNISTKÄSTEN IN GARTEN & WALD

6. Auflage *im Leopold Stocker Verlag, 243 Seiten, über 400 Farbabb., 17,5 x 20,5 cm, Hardcover*

Ein einmaliges Buch: 180 Farbabbildungen zeigen den Inhalt von Nistkästen in Originalgröße. Nicht nur die dort brütenden Vogelarten werden behandelt, sondern auch die verschiedenen Säugetiere wie Mäuse, Gartenschläfer, Fledermäuse und Insekten wie Hummel-, Bienen- und Wespenarten, die Nistkästen besiedeln können. Auch im Herbst verraten viele Spuren noch etwas vom Schicksal der Brut und den Ereignissen des Sommers.

- Geeignete und ungeeignete Nistkästen, richtige Anbringung der Kästen
- Nisthilfen und Vogelschutz im Garten, Vogeltränke und -fütterung
- Nistkästen für die biologische Schädlingsbekämpfung in Obstanlagen und Forstwirtschaft
- Pflege und Kontrolle der Nistkästen
- Naturhöhlenerhaltung

Bestellen Sie unverbindlich und kostenlos unser Gesamtverzeichnis:
A-8011 Graz • Hofgasse 5 • Postfach 438 • Telefon (0 316) 82 16 36